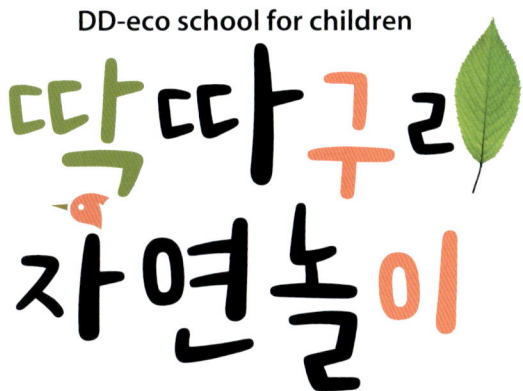

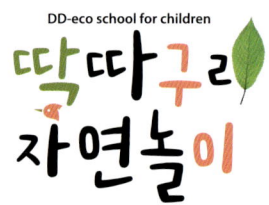

2019년 12월 5일 초판 1쇄 발행
2022년 12월 7일 초판 2쇄 발행

지은이 **박은경, 문갑용, 권상혁**   펴낸이 **박은경**   발행처 **도서출판 나은**   디자인 **도서출판 나은**
주소 **경기도 부천시 소안로 78 (괴안동, 태원빌딩) 2층**   전화 **032_344_5510**
인쇄 및 제본 **동아출판(주)**
ⓒ 도서출판 나은 2019, printed in korea
ISBN 979-11-89502-02-7 73630
정가 **19,500원**

이 책의 저작권은 도서출판 나은에 있습니다.
이 책에 실린 글과 사진 등의 무단복제와 전제는 법으로 금지되어 있습니다.

| 발간사 |

　사계절이 뚜렷한 이 땅에서 우리가 누리는 즐거움은 다양합니다. 오밀조밀한 자연물, 손만 대면 재미있는 놀잇감으로 변하는 숲이 가까이 있습니다. 자연은 우리의 삶을 부드럽게 매만지고 너그럽게 해주는 치유의 공간입니다. 그 속에서 자연물을 매개로 놀이와 만들기를 하는 시간은 상상만으로도 즐거움을 안겨줍니다.

　아이들과 함께 하는 일을 평생 하면서 후대에 물려 줄 가장 큰 선물은 자연이라는 생각을 해봅니다. 교실 공간과 달리 자연 속에서 아이들은 정말 행복해합니다. 이 속에서는 어린이의 무한한 잠재력을 열어주고 또래의 관계 형성과 사회성을 넓히는 데 도움이 됩니다. 열린 공간 속에서 도전하고 호기심을 가지는 일은 어린이 발달과정에서 매우 중요한 경험 자원이 되기도 합니다.

　어린이가 서툴더라도 자연 소재를 선택하고 만든 것들에 자부심을 느끼고, 인정받는 경험! 또래들과 어울려 놀이를 만들고 자연스레 규칙을 정해보는 일은 훗날 성장의 소중한 자산이 될 것입니다. 우리 어른들은 또 어떤가요? 숲놀이, 자연놀이를 하는 동안 우리 안에 숨어있던 어린이를 발견하게 되지요. 교육이라는 부담감을 내려놓고 동심으로 돌아가 어린이와 선생님, 부모와 자녀가 어울려 교감하며 놀이할 수 있습니다.

　이 책은 지난 7년 동안 〈딱따구리 자연학교〉에서 어린이와 함께 적용하고 체험한 프로그램을 모아 다듬어 묶게 되었습니다. 숲놀이, 자연놀이는 전문가 선생님이 가르친다는 고정관념에서 벗어나, 누구나 쉽고 편하게 접근할 수 있도록 안내하고 싶었습니다. 그래서 옛날 어른들로부터 내려오는 놀이에 자연물을 접목하기도 하고, 놀이 중심의 교육과정과 연합한 프로그램도 만들어 보았습니다. 알기 쉬운 내용으로 서술하고 섬세한 도판으로 활동을 소개하였고, 또 다른 활동으로 연계하여 확장할 수 있는 가이드도 넣었습니다.

　막상 마무리를 하고 보니 아쉬운 부분도 보이지만 독자들의 풍성한 경험과 자율성이 빈 곳을 알차게 채우리라 믿습니다. 자연은 우리에게 가장 좋은 선물이며 교육장입니다. 〈딱따구리 자연놀이〉는 어린이의 마음을 어루만지는 소중한 경험이 될 것입니다. 자연놀이를 통해 숲을 대하는 어린이의 정서와 창의력이 더욱 풍성해지길 기대합니다.

2019. 12 나은교육연구소에서 박은경

자연놀이 활동의 필요성

　어린이는 놀이를 통해 자연스러운 발달과 배움을 경험합니다. 언뜻 놀이라 하면 장난감이나 교구, 잘 짜인 프로그램을 떠올립니다. 이런 프로그램과 교구는 일정한 교육목표를 향해 학습자가 참여하도록 교사나 개발자의 의도가 전제되는 경우가 대부분입니다.

　그러나 열린 자연 속에서 놀이하는 일은 의도치 않은 상황이 발생합니다. 어린이가 주도적으로 사물을 발견하고 느끼는 넓은 허용 범위에서 출발하기 때문입니다. 교사나 부모님이 의도했다 하더라도 자연 현장에서의 변화나 확장은 예상치 못한 경우도 종종 생깁니다. 이 점은 자연놀이가 주는 매력이기도 하고 지도하는 입장에서 난처한 부분이기도 합니다. 그러므로 사전에 안전 규칙을 전달해야 하는 일도 중요합니다.

　대자연을 대상으로 어린이는 상상력을 덧입히고, 신체 오감을 통한 입체적 지식을 습득하게 되지요. 이 과정을 통해 어린이가 즐거움과 만족감을 느낀다면 다음에는 더욱 잘하고 싶은 단계에 도전하게 됩니다. 어린이 스스로 자발적으로 무엇인가에 도전한다는 것은 긍정적인 학습의 출발점에 섰다는 신호입니다.

　지난 몇 년간 자연놀이를 하며 다양한 시도를 해보았습니다. 자연물 관찰, 분류, 연결, 자연물과 인공물의 결합, 생활 속에 필요한 장식품 만들기에 이르기까지 자연은 많은 것을 제공해주었습니다. 아이들은 숲에 가는 것을 즐거워하고 어려운 꽃, 새의 이름도 곧잘 관심을 보였습니다. 참여 횟수가 거듭될수록 아이들은 자연환경에서 배워야 하는 동기를 스스로 부여하고 채집하는 탐험가처럼 보였습니다.

　어린이를 중심으로 풀어가는 시각적인 만들기와 자연놀이의 결과도 소중했고, 상호 간에 의사소통을 하고 크고 작은 문제를 풀어가는 해결의 자세도 기대 이상이었습니다. 자연물에 집중하며 손끝에서 만들어 가는 창조의 경험은 어린이 성장의 훌륭한 밑거름이 됩니다.

자연놀이 활동의 교육목적

　자연은 어린이에게 최상의 놀이터이며 배움터를 제공합니다. 어린이가 즐기는 놀이와 자연물을 결합함으로 자연놀이가 형성됩니다. 이 활동을 통해 자연의 소중함을 배우고 자연과 더불어 공존하는 인격체로 성장하게 돕습니다. 또 발달의 과정에서 나타나는 크고 작은 문제를 주도적으로 해결하는 능력을 기르는 데 목적을 두고 있습니다.

1. 자연의 소중함을 알고 정서의 순화와 자존감을 기릅니다.

　디지털 매체, TV처럼 복잡한 소음과 환경에 머물던 어린이가 자연의 고요함에 노출되는 것은 특별한 경험입니다. 자연 속에서 어린이가 정서적으로 평온함을 느낍니다. 또한 우리가 가지는 일상의 불안, 분노와 같은 복잡한 감정을 수용하고 가라앉게 도와줍니다. 더불어 어린이가 자연물을 소재로 만드는 시간은 스스로 무언가를 해낼 수 있다는 만족과 성취감을 줍니다. 숲속 작은 풀과 곤충의 움직임은 생명에 대한 감각을 일깨워서 생명의 가치와 존중의 마음이 자라나게 합니다. 자연을 소중하게 여기고 사랑하는 마음을 통해 따뜻한 인성을 기르도록 돕습니다.

2. 자연 감수성을 기르고 오감발달을 돕습니다.

　자연 속에는 다양한 자극을 주는 소재들이 즐비합니다. 크고 작은 돌멩이, 여러 모양의 나뭇잎, 까슬까슬한 모래, 춥고 더운 날씨, 바람이 드나드는 열린 공간에서 만나는 다양한 자극들은 아이들의 시각, 촉각, 후각, 청각, 미각의 오감을 통해 정보를 제공합니다. 자연놀이는 재미있는 자연소재를 이용해 어린이의 오감을 키우는 체험터를 제공합니다.

3. 어린이의 건강과 신체발달을 촉진합니다.

　자연 속에는 높낮이의 변화가 심한 지형과 구조물들이 있어 평지와 아파트 생활에 익숙한 어린이들이 많이 경험하지 못한 공간입니다. 자연을 통해 다양하고 정교한 움직임을 자연스럽게 체득합니다. 공간의 제한이 없는 자연 상황은 스스로 균형을 잡아야 하는 평형감각과 대·소 근육조직이 단련되도록 돕습니다. 자연놀이는 대·소 근육의 발달, 신체적 균형을 골고루 발달시키는 건강한 활동입니다.

4. 자연물이 생각의 형태로 변하는 창조의 과정을 경험합니다.

　숲과 자연 속의 수많은 것들이 어린이들의 호기심을 자극합니다. 완성된 장난감이 없는 자연 속에서 호기심을 가지고 모은 소재를 탐색하고 재구성, 연합 등의 과정을 통해 정교한 만들기로 발전해가는 과정은 소중한 창조의 경험이 됩니다. 이 과정이 점진적으로 쌓일 때 상황에 따라 지식과 경험을 재구성하여 새로운 창조물을 만드는 자세가 갖추어집니다.

5. 또래 상호 간에 사회성을 기르는 경험을 제공합니다.

　자연놀이는 다양한 소재로 놀이와 만들기를 수행하는 활동입니다. 자연 속에서는 상호간에 협동하고 타인의 감정을 이해하며 진행하는 과정이 많습니다. 그룹에서 대화와 협력을 통해 공동이 정한 안전규칙을 지켜야 하고 나눈 일은 각자 책임감을 느껴야 합니다. 이러한 과정을 경험하면서 점차 긍정적인 사회성을 가진 공동체의 일원으로 성장합니다. 아이들을 대화와 협력으로 이끄는 다양한 자연활동은 또래 상호 간에 친밀성을 높입니다.

| 목차 |

- 발간사
- 자연놀이 활동의 필요성과 교육목적

딱따구리 봄의 숲
- 봄이 왔음을 알리는 개구리 / 12
- 봄의 새싹을 찾아요 / 14
- 맛도 좋고 향기 가득한 봄꽃 / 16

봄 숲 활동
- 개나리꽃 화관 / 18
- 목련 꽃잎에 그림을 그려요 / 20
- 봄꽃 물들이기 / 22
- 봄꽃 카나페 / 24
- 꽃 도자기 / 26
- 누르미 압화 액자 / 28
- 나만의 향수병 / 30
- 숲속 곤충 친구들 / 32
- 새 둥지 만들기 / 34
- 자연물 밥상 / 36
- 메타세쿼이아 열매 액세서리 / 38

봄 숲 놀이
- 꽃과 잎으로 채워요 / 40
- 애벌레를 찾아라 / 42
- 나비로 변신해요 / 44
- 곤충의 눈으로 숲을 바라봐요 / 46
- 겨울잠에서 깬 개구리 / 48
- 봄으로 물들이는 그림 / 50
- 그림자 얼굴 / 52
- 나뭇가지로 본 세상 / 54
- 자연물 시계 / 56
- 땅에 그리고 놀아요 / 58
- 흙으로 놀아요 / 60
- 돌 지압 길 / 62

여름의 숲
SUMMER
DD-ECO SCHOOL

딱따구리 여름의 숲
- 여름 나뭇잎을 관찰해요 / 66
- 여름의 풀과 꽃들 / 68
- 여름 개울에 가서 보면 / 70

여름 숲 활동
- 자연물로 얼굴 만들기 / 72
- 나뭇잎 인형 친구들 / 74
- 나뭇잎 가면 / 76
- 나뭇잎 부채 / 78
- 나뭇잎 모빌 / 80
- 돌멩이 그림 / 82

여름 숲 놀이
- 나뭇잎 퍼즐 / 84
- 나뭇잎 징검다리 / 86
- 숲속에 댐을 만들어요 / 88
- 칡 줄기로 놀아요 / 90
- 자연물 다른 그림 찾기 / 92
- 자연물 가위바위보 / 94
- 곤충의 보호색 / 96
- 나무의 뿌리를 표현해요 / 98
- 나무에 물을 주세요 / 100
- 나무도 땀을 흘려요 / 102
- 서로 다른 빗방울 소리 / 104
- 수서곤충 물놀이 / 106
- 진흙 놀이터 / 108
- 화석 발굴단 놀이 / 110
- 모래로 만든 컵 케이크 / 112
- 거미줄 놀이 / 114
- 꼬불꼬불 협력 밧줄 놀이 / 116

가을의 숲
AUTUMN
DD-ECO SCHOOL

딱따구리 가을의 숲
- 나무의 껍질은 서로 달라요 / 120
- 울긋불긋 예쁜 단풍도 가지가지 / 122
- 다람쥐와 청설모 / 124

가을 숲 활동
- 숲속 찍기 / 126
- 나뭇가지 모빌 / 128
- 잎줄기로 만드는 별 모양 / 130
- 가을 열매의 변신 / 132
- 단풍잎 손가락 인형 / 134
- 숲속 요정 / 136
- 가을 리스 / 138
- 누름 단풍잎 캔들 / 140
- 나뭇잎 화석 / 142
- 낙엽 꽃 / 144
- 낙엽으로 채워요 / 146

- 자연물 수틀 / 148
- 거미집을 만들어요 / 150

가을 숲 놀이
- 자연물 피자 / 152
- 나뭇가지 빙고 / 154
- 솔방울 장난감 / 156
- 도토리 팽이 / 158
- 도토리 손가락 모자 / 160
- 나는야 숲속 꼬마 요리사! / 162
- 낙엽 폭죽 놀이 / 164
- 도꼬마리 다트놀이 / 166
- 흙 케이크 만들기 / 168
- 뱀의 눈으로 숲을 바라봐요 / 170

딱따구리 겨울의 숲
- 동물들의 겨울잠 / 174
- 철새가 만드는 겨울 강변 / 176
- 겨울에도 푸르른 나무들 / 178

겨울 숲 활동
- 솔방울 가습기 / 180
- 솔방울 트리 / 182
- 자연물 크리스마스 카드 / 184
- 얼음 오너먼트 / 186
- 나뭇가지로 만드는 눈 결정체 / 188
- 나무 얼굴 만들기 / 190
- 솔잎 고슴도치 / 192
- 숲속 지킴이! 솟대와 장승 / 194

겨울 숲 놀이
- 자연물 투호놀이 / 196
- 낙엽 방석 / 198
- 숲속 양파망 축구 / 200
- 내 나무를 찾아요 / 202
- 나무에게 옷을 입혀주세요 / 204
- 우리만의 숲속 아지트, 움막집 만들기 / 206
- 눈으로 놀아요 / 208
- 동물들의 겨울잠 / 210
- 동물들의 겨울 밥상 / 212
- 새들의 겨울 밥상 / 214
- 겨울을 나는 식물, 로제트 / 216
- 나뭇가지 사진기 / 218

봄의 꽃밭에서 모두 만나자!
나풀나풀 흰 나비도, 알에서 깨어난 작은 애벌레도 새 시작의 봄기운에 얼굴을 내밀어요. 연둣빛 작은 새싹이 쏘옥~ 솟아 살랑살랑 봄바람을 느끼며 희망의 날개를 펼쳐요. 아이들의 반짝이는 눈망울로 꽃밭은 더욱 생명력이 솟아난답니다.

SPRING

딱따구리 봄의 숲

DD-ECO SCHOOL

봄이 왔음을 알리는 개구리

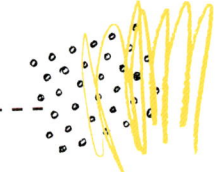

뒷다리가 쑥, 앞다리가 쑥. 헤엄만 치던 올챙이가 개구리가 되는 건 얼마나 멋진 변신인가요? 개굴개굴 봄을 알리는 중요한 일을 하게 된 건 언제부터였을까요?

개구리의 일생

개구리가 알을 낳아요.

알에서 올챙이가 태어나요.

올챙이는 뒷다리부터 생겨나고, 그 다음 앞다리가 생겨요.

점점 성장하면서 꼬리가 없어져요.

멋진 개구리가 되어요.

개구리와 비슷한 맹꽁이, 두꺼비

- 개구리는 양서류로 물고기와 뱀의 중간 정도 특징을 가진 동물이에요.
- 개나 고양이처럼 허파로 숨을 쉬지만, 피부를 통해서도 숨을 쉴 수 있어요.
- 올챙이 때는 물속에 살지만, 개구리가 되면 물 아래와 땅 위 어느 곳이든 살 수 있어요.
- 개구리는 청개구리, 황소개구리, 무당개구리, 금개구리 등 여러 종류가 있어요.
- 비슷한 동물로는 맹꽁이, 두꺼비 등이 있어요.

맹꽁이

두꺼비

개구리의 식성

- 개구리는 파리 같은 작은 곤충을 먹고 살아요. 긴 혀를 날름~ 빠른 속도로 내밀어 사냥한답니다.
- 귀여운 생김새와 달리 개구리의 먹성은 아주 좋아요. 그 때문에 곤충들에게는 아주 무서운 존재랍니다.

개구리의 특성

- 개구리의 발은 특별해요. 헤엄치기 좋은 물갈퀴는 빨판작용을 하여 바위 등에 붙어도 잘 떨어지지 않아요.
- 개구리와 같은 양서류는 바깥 기온에 따라 몸의 온도가 변해요. 그래서 겨울이 오기 전 든든히 배를 채운 후, 바위 틈이나 땅 속에 들어가 겨울잠을 잔답니다.

SPRING
DD-ECO SCHOOL

봄의 새싹을 찾아요

어떻게 봄이 온 것을 알 수 있을까요? 따뜻한 햇살과 훈훈한 봄바람이에요. 개울의 얼음을 녹이고 사람들의 마음까지 따뜻하게 하지요. 숲과 공원길을 산책해 보세요. 여기저기서 작은 생명들을 만날 수 있어요. 언 땅에서 피어오르는 여러 가지 봄의 풀이랍니다.

꽃다지

예쁘게 생긴 봄의 풀로 햇볕이 잘 드는 곳에 피어나요. 봄에 쉽게 찾을 수 있고, 두툼한 잎에 솜털이 보송보송. 반듯한 잎들이 붙어있는 것처럼 보이지만, 자라며 모습이 달라지고 예쁜 노란 꽃도 핀답니다.

개망초

로제트 시절에는 특징 없이 땅에 붙어있지만, 자라서 여름에는 **달걀 프라이처럼 생긴 예쁜 꽃**을 피워내는 풀이에요. 어릴 때와 꽃이 피었을 때가 어떻게 다른지 비교해 보세요. 우리 동네 길가나 학교 운동장 가장자리에서도 쉽게 볼 수 있어요.

냉이

봄철에 쉽게 볼 수 있는 풀로 **국과 나물 반찬으로 먹기도 해요.** 숲과 들길뿐 아니라 아파트 화단이나 우리 집 마당에서도 피어나는 식물이에요. 냉이꽃은 아주 작지만, 자세히 보면 작은 꽃잎들이 활짝 피어난 것을 볼 수 있어요. 황새냉이, 개갓냉이, 싸리냉이 등 종류도 많아요.

꽃마리

공원이나 시골의 밭둑, 길가에서 찾아볼 수 있어요. **숟가락 모양의 잎들이 길게 뻗어 나와 있어요.** 꽃이 필 때 말려있던 꽃들이 아래쪽에서부터 피어나오기 때문에 꽃마리라는 예쁜 이름이 붙었답니다. 아주 작은 꽃이 피어 자세히 보아야만 볼 수 있어요.

돌나물

작고 두툼한 잎을 가진 돌나물은 돌 틈 사이나 나무 아래 등 습기가 있는 땅에서 자라요. 돈 나물이라 하기도 해요. 비타민 C가 풍부해 **반찬으로도 많이 먹는 나물이랍니다.**

민들레

노란 꽃이 피어나는 민들레는 공원, 학교, 아파트 부근에서 누구나 쉽게 찾아볼 수 있어요. **꽃이 진 자리에는 수많은 씨앗이 모여 둥근 솜 같은 씨앗**이 만들어져요. 후~ 하고 불면 날개 단 작은 씨앗들이 바람을 타고 날아간답니다.

맛도 좋고 향기 가득한 봄꽃

"보기 좋은 '꽃'이 먹기도 좋다" 떡이 아니라 꽃을 먹는다고요? 네, 먹을 수 있는 꽃도 많아요. 대부분의 꽃은 꽃잎을 말려서 차를 만들어 먹을 수 있어요. 어떤 꽃은 맛이 좋을 뿐 아니라 특별한 효능을 가지고 있어요. 먹을 수 있는 꽃에 대해 알아볼까요?

뒷산에 피는 봄기운 진달래

옛날부터 우리나라에서는 삼짇날(음력 3월 3일)에 진달래꽃으로 화전을 만들어 먹는 풍습이 있어요. **진달래꽃은 혈액순환을 돕고, 천식에 도움을 주고, 피로를 덜어준다고 해요.** 비슷하게 생긴 철쭉꽃은 독 때문에 먹을 수 없어요.

집중력이 생긴다는 목련

크고 하얀 목련 꽃을 어떻게 먹을까요? 큰 꽃잎을 물에 우려내 차로 마신답니다. 이 차를 마시면 **집중력이 높아지고, 기억력도 좋아진다고 해요.** 목련 꽃은 나무에 있을 때는 예쁘지만 떨어지면 금방 색이 변하는 특징이 있어, 채집할 때도 조심해야 한답니다.

꿀을 머금은 아까시나무 꽃

누구나 알고 있는 좋은 향기가 특징인 아까시나무 꽃. 그 속에 든 달콤한 꿀을 친구들이 쪽 한번 빨아 먹으면 눈이 동그랗게 변해요. 이 꿀은 벌들이 좋아하는 '아까시아 꿀'로도 유명해요. 깨끗한 아까시나무 꽃을 따서 샐러드에 넣어 먹으면 달콤한 맛과 향이 입 안에 가득 퍼진답니다.

멀리까지 날아가는 봄의 향기 매화

작은 꽃에 비해 매화의 향기는 남달리 진하기 때문에 멀리서도 향기를 맡을 수 있어요. 매화는 주로 차를 만들어 먹는답니다. 매화꽃으로 만든 차는 위에 좋을 뿐만 아니라 혈액순환에도 도움을 준다고 해요.

봄을 상징하는 씨앗 민들레

민들레는 흔하지만 건강에도 좋은 식물이에요. 특별한 부작용도 없고 약효가 좋아 예로부터 많이 먹었다고 해요. 비타민과 아미노산도 풍부해 간이나 위장의 건강에 많은 도움을 준답니다. 꽃뿐만이 아니라 어린잎은 나물로 먹고, 뿌리는 차로 만들어 먹을 수 있는 꽃이랍니다.

개나리꽃 화관

매년 봄 환하게 웃으며 인사하는 노란 개나리, 개나리 화관을 머리에 쓰고 온몸으로 봄기운을 느껴볼까요?

준비하기 화관용 종이 머리띠, 양면테이프, 개나리꽃, 여러 가지 봄꽃과 자연물

활동하기
1. **주변에서 개나리꽃을 찾아보세요.**
   - 노란 개나리꽃을 본 적이 있나요?
   - 어디서 보았나요?
     (개나리꽃은 4월 초부터 우리 주변에서 쉽게 찾아볼 수 있어요.)
   - 개나리의 꽃말은 희망, 기대, 깊은 정, 달성이랍니다.

2. **개나리꽃을 채집해요.**
   - 화관을 만들 양만큼 개나리꽃을 채집해주세요.
   - 이왕이면 바닥에 떨어진 꽃잎을 사용해요.
3. **내 머리에 맞춰 종이 화관을 만들어요.**
   - 머리둘레에 맞는 종이 화관을 만들어주세요.
   - 잘 찢어지지 않는 두꺼운 종이를 사용해주세요.
   - 종이 화관에 알록달록 봄꽃을 그려주세요.
4. **개나리 화관을 만들어요.**
   - 양면테이프로 채집한 개나리 꽃잎을 왕관에 붙여주세요.
   - 주변에 다른 자연물을 함께 붙여도 좋아요.
5. **화관을 쓰고 봄이 왔음을 느껴요.**
   - 향기가 풀풀 풍기는 개나리 화관을 쓰고 따뜻한 봄이 왔음을 숲속 친구들에게 알려주세요.

〈꽃반지와 팔찌〉
① 봄꽃 두 송이를 찾아요. 꽃 바로 밑줄기 부분을 손톱으로 꾹 눌러 구멍을 만들어요.
② 줄기에 낸 구멍 사이에 다른 꽃줄기를 끼워주세요.
③ 손목이나 손가락 두께에 맞추어 감싸고 줄기 밑 부분을 2번 정도 매듭을 지어주세요.
   (손목에 묶으면 꽃 팔찌, 예쁜 손가락에 묶으면 꽃반지가 된답니다.)

목련 꽃잎에 그림을 그려요

3, 4월이 되면 길가에 하얗고 고귀한 목련이 피어나기 시작합니다. 그런데 이 목련 꽃잎에 그림을 그릴 수 있다고 해요. 큰 꽃잎을 도화지 삼아 그림을 그려볼까요?

준비하기 목련 꽃잎, 이쑤시개

활동하기

1. 목련에 대해 이야기를 나누어요.
   - 목련 꽃은 어떻게 생겼나요?
   - 바닥에 떨어진 꽃잎은 어떻게 변했나요?
   - 목련 꽃잎은 수분이 날아가면 쉽게 갈색으로 변해요.
   - 목련의 꽃말은 고귀함이랍니다.

2. **목련 잎에 그림이나 글을 써보세요.**
   - 손톱으로 목련 꽃잎을 눌러주면 잎의 색이 변한답니다.
     (이쑤시개 같은 도구로 눌러줘도 좋아요)
3. **목련 꽃잎으로 다양한 놀이를 해요.**
   - 동물 귀 만들어 신체활동하기
   - 꽃, 해님, 큰 동그라미 등 모양 만들기
   - 이쑤시개에 꽂아 목련 꽃잎 꼬치 만들기

〈목련 꽃잎 가랜드〉
아이들이 하얀 목련 도화지에 그린 멋진 작품으로 가랜드를 만들어보세요.
① 바늘과 실(끈)로 목련 잎의 두꺼운 부분을 뚫어 실을 통과시켜 주세요.
② 실을 끼운 목련 잎을 적당한 간격으로 벌려주세요.
③ 실의 양쪽 끝을 나뭇가지나 나무에 묶어 목련 가랜드로 숲을 꾸며보세요.

SPRING
봄 숲 활동

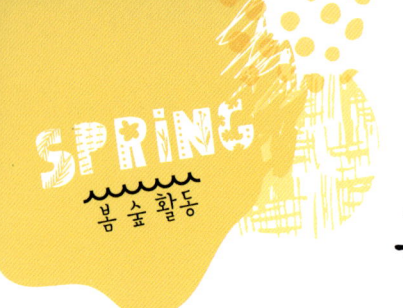

봄꽃 물들이기

자연에서 화려하고 알록달록한 수많은 색을 찾아볼 수 있어요. 계절마다 다양한 자연의 색을 빌려 옷이나 천, 손수건에 자연의 색을 물들여보세요.

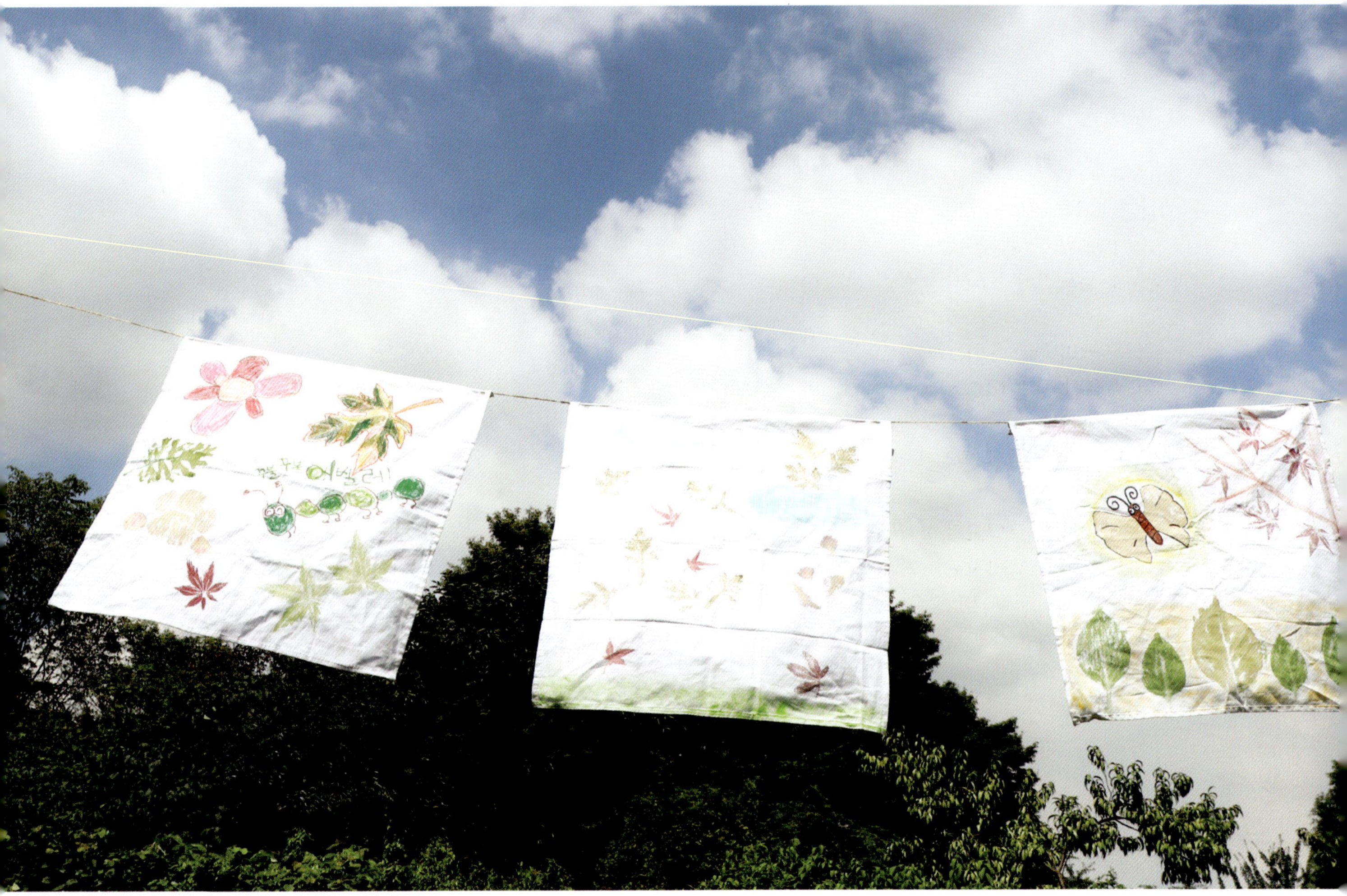

준비하기 여러 가지 꽃잎, 꽃잎을 찧을 수 있는 도구, 흰 옷이나 손수건, 천

활동하기

1. 알록달록 봄꽃을 찾아 꽃잎을 채집해요.

(활동 시기에 맞춰 주변에서 다양한 색상의 꽃을 찾아보세요. 봄꽃은 일반적으로 매화꽃, 개나리, 진달래, 벚꽃, 복숭아꽃 순으로 피어납니다.)

- 바닥에 떨어진 꽃잎을 사용해주세요.
- 어쩔 수 없이 꽃잎을 딸 때는 암술과 수술이 떨어지지 않게 조심해주세요.

2. 채집한 꽃으로 하얀 옷이나 천, 손수건을 물들여요.
   - 꽃잎을 올리고 투명한 비닐로 덮어주세요.
   - 망치로 두드리거나, 납작한 동전으로 꽃잎을 으깨어 주세요.
   - 꽃잎의 색이 천에 스며들어 염색된답니다.
   - 알록달록한 꽃잎 이외에 풀잎을 이용하면 초록색을 표현할 수 있어요.

3. 꽃잎 물감으로 물들인 손수건 위에 그림을 그려 꾸며요.
   - 천에 물든 꽃잎 모양으로 연상되는 그림을 그려요.
   - 두 개의 꽃잎이 나비의 날개가 될 수 있어요.
   - 커다란 나뭇잎은 푸른 나무가 될 수 있어요.

〈봄꽃 네일아트〉

알록달록한 봄꽃으로 손톱을 물들이는 네일아트 놀이를 해보세요. 꽃을 으깨어 손톱 위에 올리고 비닐로 덮어 손톱을 물들여 보세요. 하얀 종이에 아이들의 손 모양을 그린 후 다양한 봄꽃으로 종이를 물들이며 놀이할 수도 있답니다.

봄숲활동

봄꽃 카나페

땅의 기운과 봄의 볕을 받고 자란 향긋한 봄꽃. 눈으로 봐도 예쁘지만, 먹을 수 있는 꽃도 있답니다. 어떤 맛일까요? 봄꽃 카나페를 만들어 한입 가득 먹어보세요.

준비하기 과자, 요플레, 꿀이나 잼 등, 접시, 식용 가능한 봄꽃, 식초, 물

활동하기

1. 봄에 피어난 꽃을 관찰해요.
   - 누구보다 먼저 피어난 꽃을 찾아보세요.
   - 어떤 꽃들을 찾았나요?
2. 냉이, 민들레, 개망초, 개나리, 진달래, 아카시아 등 식용 먹을 수 있는 꽃을 채집해요.
   (개나리와 진달래는 암술, 수술, 꽃받침을 떼어낸 다음 먹을 수 있답니다.)

3. 봄꽃 카나페를 만들어요.
 - 채집한 꽃들을 식초를 섞은 물에 담가 깨끗하게 씻어 말려주세요.
 - 준비한 크래커 과자 위에 요플레나 꿀, 잼을 바른 후 봄꽃을 올려주세요.

4. 친구들과 함께 먹어요.
 - 어떤 맛인지 이야기해 보세요.

〈봄꽃 화전〉

찹쌀가루에 소금, 뜨거운 물을 넣어 반죽을 한 후 봉지에 넣어 30분 정도 숙성시켜 주세요. 암술, 수술, 꽃받침을 제거하고 흐르는 물에 씻어 말려주세요. 프라이팬에 식용유를 두르고 동글납작하게 빚은 찹쌀 반죽을 올려 약한 불에 지지고, 한쪽 면이 익으면 뒤집어 봄꽃을 올린 후, 반죽이 다 익으면 봄꽃 화전 완성! 맛있게 익은 봄꽃 화전을 꿀에 찍어 먹어보세요.

봄 숲 활동

꽃 도자기

흰색 지점토나 클레이로 아기자기한 미니 도자기를 만들어요. 봄을 알리는 꽃들을 주워 도자기에 꽂아 아름다운 향기를 품은 꽃 도자기를 만들어보세요.

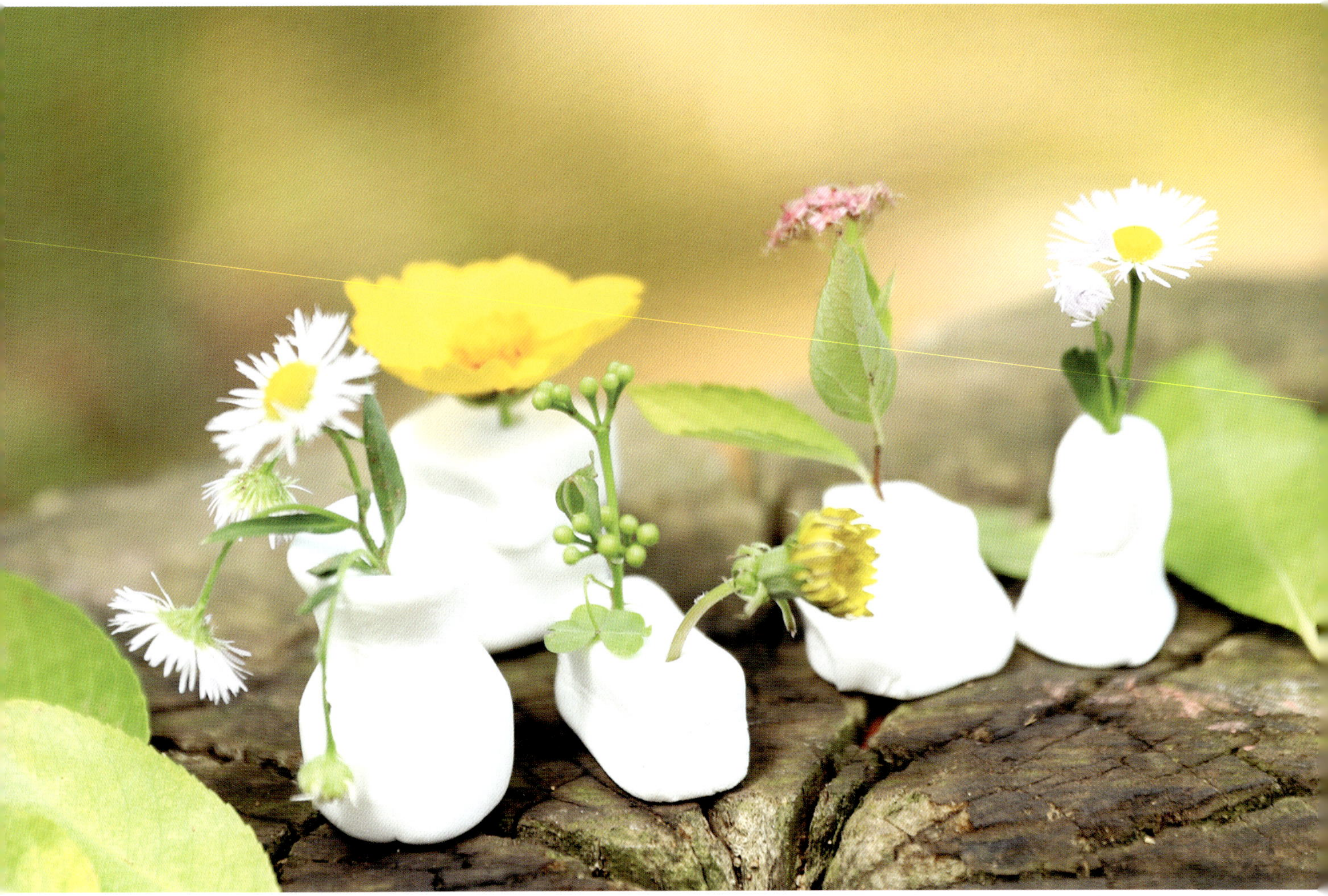

준비하기 흰색 지점토나 클레이, 나뭇가지나 이쑤시개, 꽃

활동하기

1. **흰색 지점토나 클레이로 도자기를 만들어요.**
   - 지점토나 클레이로 다양한 모양의 도자기를 만들어 보세요.
     (동글동글한 도자기, 네모난 도자기, 길쭉한 도자기 모두 좋아요.)
   - 완성된 도자기에 나뭇가지나 이쑤시개를 이용해 구멍을 내어 꽃을 꽂아주세요.
     (나뭇가지나 이쑤시개에 물을 묻히면 지점토나 클레이가 잘 달라붙지 않는 답니다.)

2. 완성된 도자기는 하루 정도 그늘에 말려주세요.
　- 햇빛을 받으면 도자기가 갈라질 수 있어요.

3. 꽃을 채집해요.
　- 다양한 색상의 꽃을 채집해주세요.
　- 꽃줄기까지 채집해주세요.

4. 채집한 꽃을 도자기 구멍에 꽂아 꽃 도자기를 완성해요.
　- 다양한 색상의 봄꽃 도자기가 완성되었나요?
　- 아이들의 꽃 도자기를 한곳에 모아 전시해보세요.

〈꽃 도자기 그릇〉

꽃을 품은 도자기를 만들었나요? 도자기뿐만 아니라 소꿉놀이를 할 수 있는 접시도 만들어보세요. 찰흙이나 지점토로 접시를 빚은 후, 봄꽃을 올리고 꾹~ 눌러 장식해 보세요. 멋진 무늬나 그림을 그리지 않고 봄꽃 하나만으로 아름다운 그릇을 만들 수 있답니다.

누르미 압화 액자

봄 향기가 폴폴 피어나는 아름다운 꽃을 영원히 간직할 수는 없을까요?
아름다운 꽃을 납작하게 말린 후, 액자에 넣어 간직해보세요.

준비하기 두꺼운 책, 꽃잎, 풀잎, 종이 접시, 손 코팅지나 열 코팅지, 지끈 등

활동하기

1. 누르미 압화란 무엇인지 알아볼까요?
   - 누르미 압화란, 식물을 그림처럼 오랫동안 두고 볼 수 있도록 납작하게 말린 것이에요.
2. 압화를 만들 작은 꽃잎과 풀꽃을 채집해 두꺼운 책에 끼워주세요.
   - 주변에서 알록달록한 꽃잎과 풀잎을 찾아보세요.
   - 꽃잎과 풀잎을 책 사이사이에 끼워 납작하게 눌러주세요.

(2~3일간 책 사이에 끼워 누른 풀꽃을 그대로 사용해도 좋지만, 다리미로 지그시 눌러주면 수분이 모두 날아가 보다 납작한 압화를 만들 수 있어요.)

4. 누르미 압화 액자를 만들어요.
- 납작하게 누른 꽃잎과 풀꽃을 코팅한 후 액자 모양에 맞게 오려주세요.
- 종이 접시 가운데에 구멍을 내어 꽃잎과 풀잎을 코팅한 코팅지를 붙여 누르미 압화 액자를 완성해주세요.
- 완성된 압화 액자를 전시해 보세요.

〈꽃잎 목걸이와 이름표 걸이〉
납작하게 누른 꽃잎은 다양한 만들기 재료로 사용할 수 있어요.
〈꽃잎 목걸이〉 지점토나 아이클레이로 다양한 목걸이 형태를 만들어 누름 꽃을 붙여주고 끈을 달아주면 목걸이가 완성돼요.
〈이름표 걸이〉 종이카드에 누름 꽃을 붙여주면 멋진 꽃 이름표 걸이가 완성돼요.

SPRiNG
봄 숲 활동

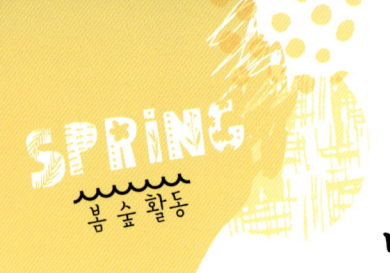

나만의 향수병

식물은 자신만의 독특한 향이 있어요.
예쁜 병에 담아 자연의 향기가 솔솔~ 나는 나만의 향수병을 만들어보세요.

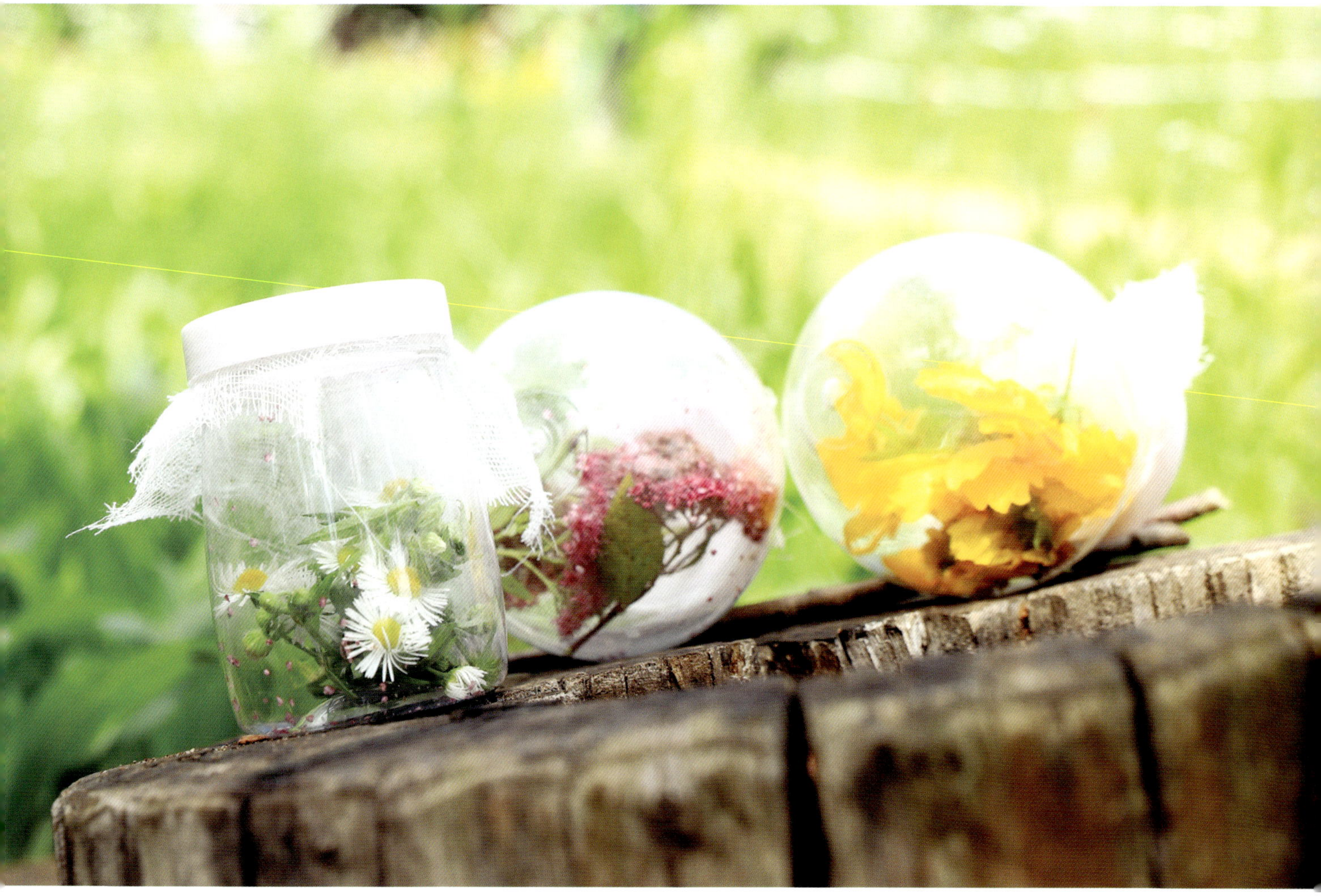

준비하기 봄에 피어나는 꽃과 식물, 다양한 모양의 병과 뚜껑, 거즈, 가위, 고무줄 등

활동하기

1. 봄의 식물을 찾아요.
- 봄에 볼 수 있는 식물은 어떤 것들이 있나요?
- 길가나 주변에서 흔히 볼 수 있는 들꽃도 좋아요.
- 봄꽃을 찾아 향기를 맡아보세요.
- 어떤 향기가 나나요?

2. 채집한 봄 식물을 준비한 유리병에 넣어주세요.
 - 유리병에 봄 식물을 넣고 거즈와 고무줄로 유리병 입구를 막은 후 뚜껑을 꼭 닫아주세요.
 - 유리병을 햇빛이 잘 드는 곳에 두어 꽃잎을 잘 말려주세요.
   (봄 식물을 바짝 발린 뒤에 유리병에 넣어주면 더욱 좋아요.)
3. 봄 향기가 나는 향수병 냄새를 맡아보세요.
 - 어떤 향기가 나요?
 - 다른 친구의 향수병에서는 어떤 향기가 나요?

<나만의 방향제>

향긋한 봄 식물을 병이 아닌 천 주머니에 넣으면 봄 냄새가 은은하게 풍기는 방향제를 만들 수 있어요. 향기가 퍼질 수 있도록 망사 주머니에 봄꽃들을 담고 끈을 조여 묶어주면 간단하게 방향제 완성! 나무조각에 이름을 써 붙여 주머니를 꾸며줘도 좋겠죠? 천 주머니에 나만의 봄 향기를 담아보세요.

숲속 곤충 친구들

숲속에는 다양한 곤충 친구들이 살고 있답니다. 생활 속에서 버려지는 박스 종이로 다양한 숲속 곤충들을 만들어 숲을 꾸며보세요.

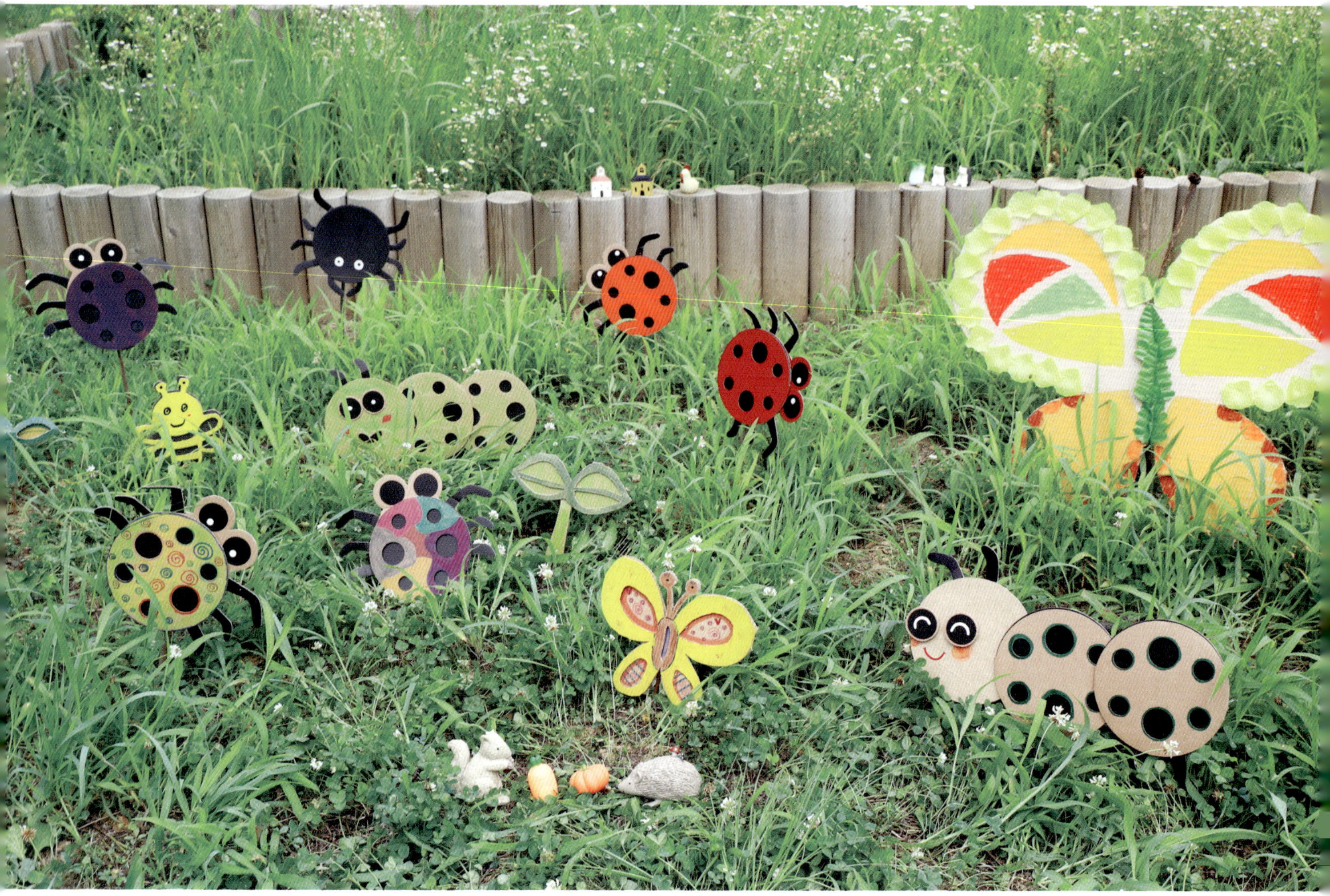

준비하기 박스 종이, 크레파스, 찍찍이, 칼, 물감, 그리기 도구, 나뭇가지, 테이프나 목공풀

활동하기

1. 숲속에 살고 있는 곤충들에 대해 이야기를 나누어요.
   - 숲에는 어떤 곤충들이 살고 있을까요?
   - 어떤 곤충들을 보았나요?
   - 내가 알고 있는 곤충은 어떤 것들이 있나요?
   - 숲속을 산책하며 곤충 친구들을 찾아보세요.

2. 다양한 재료로 숲속 친구들을 만들어요.
- 박스 종이에 곤충들을 그려 주세요.
  (박스 종이를 두 겹으로 겹쳐 오려 열렸다 닫힐 수 있도록 만들어주세요.)
- 두 겹의 종이 중 겉 종이에 구멍을 뚫어주세요.
- 다양한 미술도구를 이용하여 나만의 숲속 곤충을 만들어요.
- 완성된 작품 뒤에 적당한 길이의 나뭇가지를 테이프나 목공 풀로 붙여주세요.

3. 두 겹으로 만든 곤충에 다양한 자연물을 넣어 꾸며주세요.
- 숲속 곤충들이 봄을 품을 수 있도록 주변의 다양한 봄꽃과 풀잎을 넣어 꾸며주세요.

4. 내가 만든 숲속 곤충들을 멋지게 전시해보세요.
- 완성된 숲속 곤충들을 모아 땅에 꽂아 전시해주세요.

〈무당벌레 액자〉

숲속 곤충에 자연물이 아닌 아이들 사진을 끼워 곤충 액자를 만들어보세요. 무당벌레 날개에 있는 점들에 아이들 얼굴이 보이도록 사진을 붙여 세상에 하나뿐인 액자를 만들어요. 우리 가족 수만큼 구멍을 뚫어 가족 사진 액자를 만들 수도 있답니다.

새 둥지 만들기

숲속 동물은 저마다 자신이 사는 영역이 있어요. 그중에서도 새들은 사람처럼 집을 짓고 새끼를 키우고, 잠도 잔다고 해요. 새들이 어떻게 집을 지을까요?

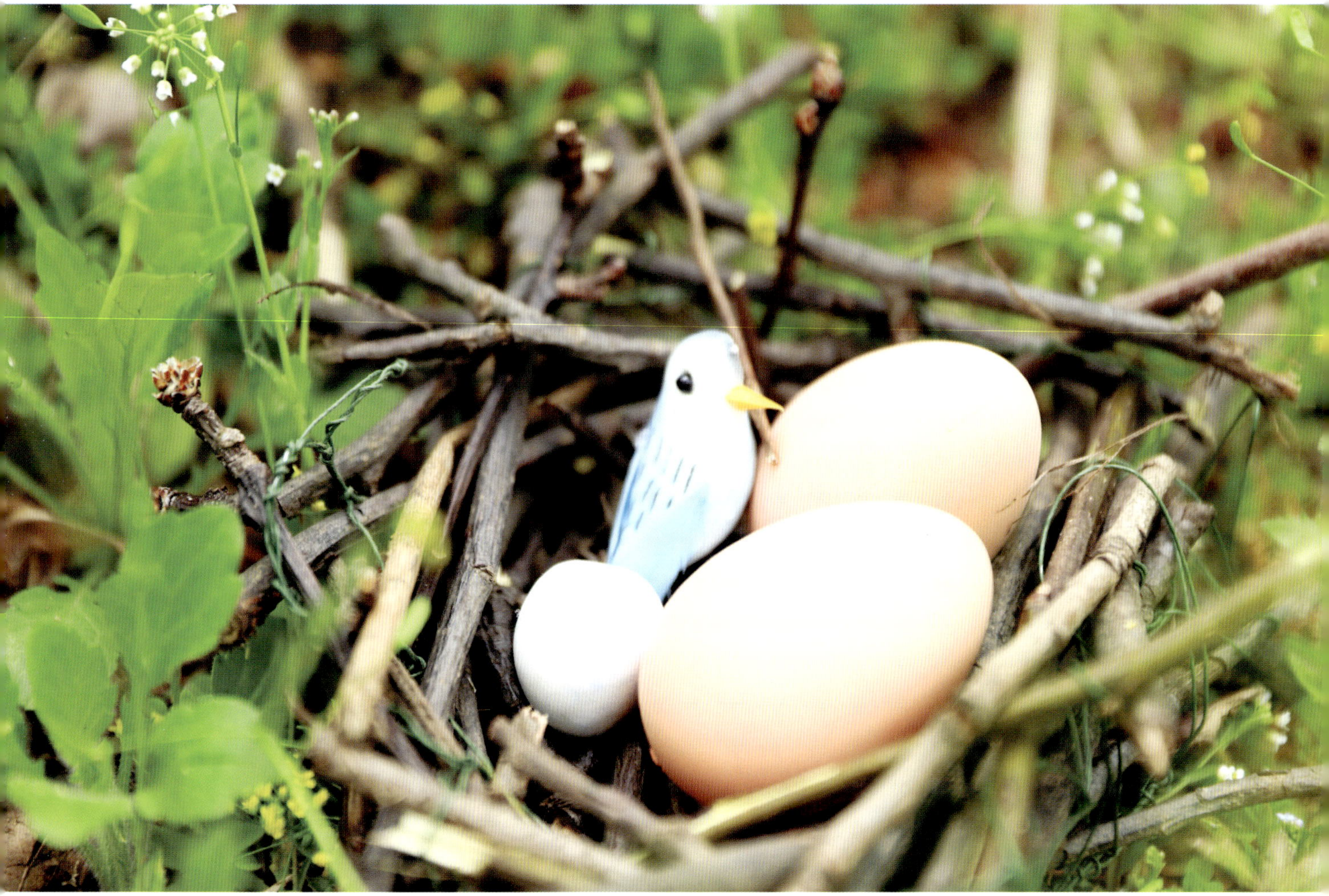

준비하기 꽃 철사, 나뭇가지, 나뭇잎, 클레이 등

활동하기
1. 숲에 사는 새들에 대해 이야기를 나누어요.
   - 새들의 집을 본 적 있나요? 새들은 왜 집을 짓고 살까요?
   - 새들은 알을 낳고 새끼를 안전하게 키우기 위해 집을 짓는답니다.
   - 집을 짓지 않는 새들도 있을까요?
   - 뻐꾸기는 자신의 둥지가 아닌 다른 둥지에 알을 낳기 때문에 집을 짓지 않는다고 해요.

2. 새 둥지를 만들어요.
- 꽃 철사로 동그란 원을 만들어요.
- 동그랗게 만든 원에 꽃잎 모양으로 철사를 이은 후, 그릇처럼 이어 오므려주세요.
- 꽃잎 모양의 철사들이 벌어지지 않도록 이어 고정해주세요.
  (철사를 지그재그로 많이 이을수록 나뭇가지가 잘 고정되기 때문에 둥지 만들기가 쉬워요.)
- 철사로 만든 둥지 틀에 나뭇가지를 끼워 둥지 모양을 잡아주세요.
- 나뭇가지를 촘촘히 꽂아 나뭇가지가 빠지지 않게 해주세요.
- 나뭇가지로 만든 둥지에 나뭇잎을 이용하여 꾸며주세요.

3. 완성된 새 둥지를 숲속 나무 위에 올려놔 보세요.
- 둥지가 떨어지지 않게 나뭇가지 위에 조심히 올려주세요.
- 우리가 만든 새집에 새들이 날아와 살 수 있도록 해주세요.

〈아기 새가 되어요〉

작은 새둥지를 만들었다면 이제는 우리가 아기새가 되어 볼 차례예요. 힘을 합쳐 아이들이 들어갈 정도의 큰 새집을 만들고 아기새의 몸짓, 울음소리를 따라해 보며 아기새가 되어보세요.

자연물 밥상

숲속에서 다양한 자연물을 가지고 재미있는 소꿉놀이를 해볼까요? 봄에 피어나는 다양한 색상의 꽃과 주변의 자연물로 냠냠 맛있는 밥상을 차려보세요.

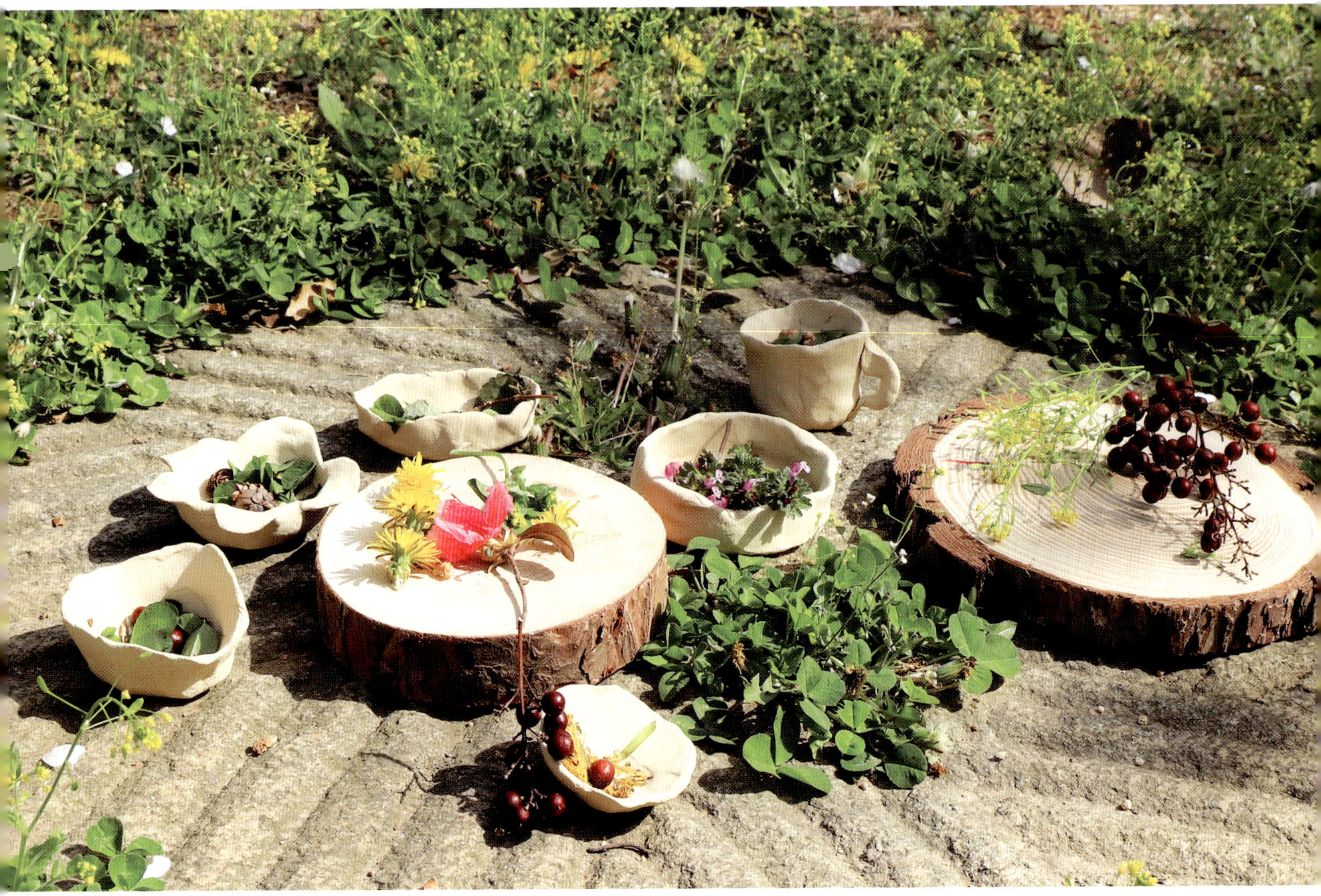

준비하기 찰흙, 나뭇가지, 풀, 꽃 등 다양한 자연물

활동하기

1. 숲 속 곳곳을 산책하며 자연물을 찾아보아요.
   - 어떤 자연물을 찾았나요?
   - 이름이 무엇일까요?
   - 어떻게 생겼나요? 어떤 음식과 닮았나요?
   - 다양한 자연물을 채집해주세요.

2. **찰흙으로 그릇을 만들어요.**
   - 찰흙을 빚어 다양한 모양과 크기의 접시, 그릇, 컵을 만들어주세요.
3. **자연물 밥상을 차려보세요.**
   - 숲속에서 채집한 다양한 자연물을 접시나 그릇, 컵에 올려 맛있는 자연물 밥상을 차려보세요.
   - 나뭇가지를 이용해 젓가락도 만들어보세요.
4. **자연물 밥상을 가지고 소꿉놀이를 해요.**
   - 이 음식은 어떤 맛이 날까요?
   - 접시에 올린 자연물마다 맛있는 음식 이름을 지어주세요.

notes:

<〈'자연물 밥상' 이렇게도 만들어요〉

찰흙이 없어 그릇을 만들 수 없다면, 주변에 있는 크고 다양한 모양의 큰 나뭇잎과 돌멩이를 접시 삼아 자연물을 올려보세요. 자연물만으로도 자연의 향기가 솔솔 나는 건강한 자연 밥상을 만들 수 있답니다.

SPRING
봄 숲 활동

메타세쿼이아 열매 액세서리

미니 솔방울 같은 메타세쿼이아 열매를 찾아 관찰해보고, 작고 아름다운 메타세쿼이아 열매로 액세서리를 만들어 볼까요?

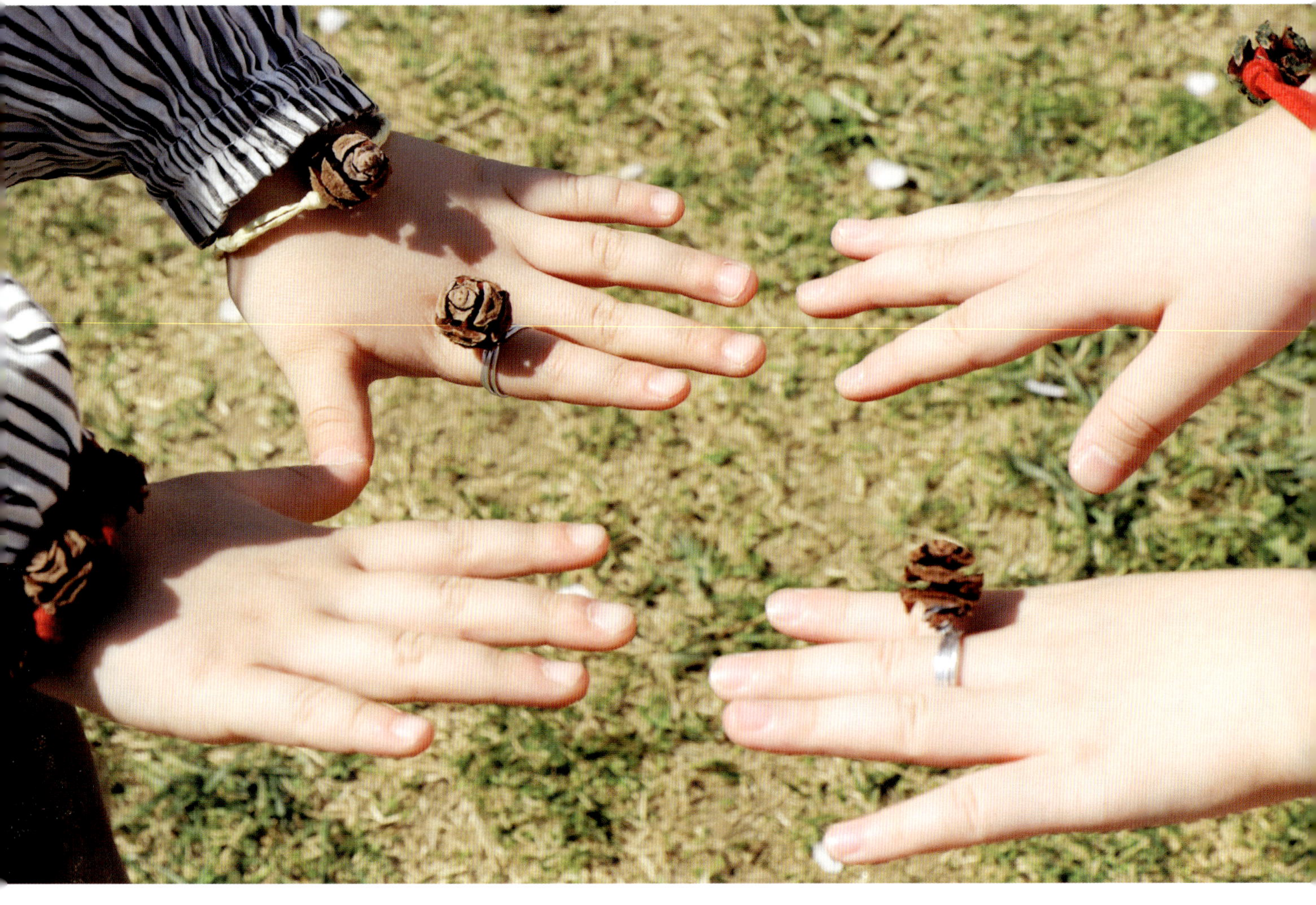

준비하기 메타세쿼이아 열매, 색 지끈, 가위

활동하기

1. 메타세쿼이아 나무에 대해 이야기를 나누어요.
- 메타세쿼이아 나무를 본 적 있나요?, 어디서 볼 수 있을까요?
- 메타세쿼이아 나무는 주변 가로수길, 아파트단지, 공원에서도 쉽게 찾아볼 수 있어요.
- 메타세쿼이아 나무는 오랜 옛날부터 살아 살아있는 화석이라고도 불린답니다.
- 메타세쿼이아 나무는 봄이 되면 열매를 맺어요.

2. 메타세쿼이아 열매를 찾아 관찰해요.
   - 메타세쿼이아 열매를 찾아보세요.
   - 공원이나 아파트 단지에서 메타세쿼이아 열매를 찾아보세요.
   - 메타세쿼이아 열매는 어떻게 생겼나요?, 무엇을 닮았나요?
   - 단단한 갈색의 메타세쿼이아 열매는 작은 솔방울처럼 생겼어요.

3. 메타세쿼이아 열매를 이용하여 액세서리를 만들어보아요.

〈 팔찌 만드는 방법 〉
① 열매의 꼭지를 가위로 잘라주세요.
② 색 지끈을 자신의 한쪽 팔 정도(70cm)로 잘라, 반으로 접은 후 끝부분(지끈을 접은 부분)을 매듭지어요.
③ 열매를 끈 중앙에 놓고 열매 틈 사이로 두 끈을 끼워주세요.
④ 열매의 양쪽을 매듭을 지어 고정해주세요.
⑤ 처음 매듭을 지은 반대 부분도 매듭을 지어주면 메타세쿼이아 열매 팔찌 완성
* 지끈의 길이를 조정하여 반지, 목걸이도 만들 수 있어요.

〈메타세쿼이아로 만들어요〉

작고 아름다운 메타세쿼이아 열매와 주변의 다양한 자연물로 나만의 작품을 만들어보세요. 메타세쿼이아 열매를 땅에 놓아, 예쁜 내 얼굴, 멋진 친구 얼굴, 깡충깡충 토끼, 빙글빙글 달팽이 등 자유롭게 멋진 작품을 표현해보세요.

꽃과 잎으로 채워요

땅바닥에 큰 동그라미, 세모, 네모, 별, 하트 등 다양한 모양을 그리고,
봄의 꽃과 풀잎으로 가득 채워 색을 입혀보세요.

준비하기 꽃, 풀잎, 나뭇가지, 솔방울 등 다양한 자연물

활동하기
1. 봄에 볼 수 있는 꽃과 나뭇잎, 나뭇가지 등 주위에 많은 자연물을 찾아요.
   - 숲속에 어떤 꽃들이 피었나요?
   - 어떤 풀꽃들이 보이나요?
2. 다양한 자연물을 수집해요.
   - 숲속에서 찾은 다양한 자연물을 모아주세요.

3. 자연물을 이용해 다양한 모양을 만들어요.
    - 나뭇가지로 바닥에 만들고 싶은 모양을 그린 후 그 위에 자연물을 올려보세요.
    - 각각 다른 길이의 자연물을 비교하고 관찰하면서 여러 가지 모양을 만들어보세요.
4. 완성된 모양 안에 꽃잎과 풀잎을 채워 넣어요.
    - 어떤 색의 꽃잎을 채워 넣고 싶나요?
    - 꽃잎과 풀잎을 색깔별로 구분해서 채워볼까요?
5. 서로의 작품을 감상하고 이야기 나누어보세요.

〈풀잎 거인〉

다양한 모양을 풀잎과 꽃잎으로 채웠다면, 이번에는 친구들과 협동하여 커다란 작품을 만들어요. 바닥에 누웠지만, 우뚝 서 있는 듯한 커다란 거인을 함께 힘을 모아 만들어보세요. 혼자 만들기엔 벅차지만 서로 힘을 합친다면 멋진 작품이 금방 탄생할 거예요.

봄숲놀이

애벌레를 찾아라

숲속의 곤충들은 저마다 자신을 보호하기 위한 보호색을 가지고 있어요.
눈을 크게 뜨고 보호색으로 몸을 숨긴 애벌레와 숨바꼭질 놀이를 해보세요.

준비하기 여러 색의 털실, 나뭇가지, 모루, 색 솜 뽕뽕이, 모형, 완구용 눈알

활동하기

1. **숲속 곤충들의 색상과 보호색에 대해 이야기를 나누어요.**
   - 숲에서 어떤 곤충들을 보았나요?
   - 어떤 색을 갖고 있었나요?
   - 보호색은 동물이 주변 환경과 비슷한 색상으로 자신의 몸을 숨기는 방법을 말하지만, 무당벌레처럼 일부러 화려한 무늬로 경계심을 주는 곤충들도 있답니다.

2. 애벌레를 만들어요.
 - 여러 색의 털실을 약 6~8cm 정도의 크기로 자르거나, 나뭇가지에 두꺼운 끈을 감아 애벌레를 만들어요.

3. 애벌레를 잡아먹는 새가 되어 재미있는 게임을 해보세요.
 〈 게임 방법 〉
 ① 출발선을 정하고, 출발선과 적당한 거리에 애벌레를 뿌려요.
 ② 출발신호와 함께 뛰어나가 정해진 시간 동안 애벌레를 찾아와요.
 ③ 시간이 종료되면 각각 찾은 애벌레의 수를 세어 봐요.
   - 어떤 색의 애벌레를 가장 많이 찾아왔나요?
   - 누가 가장 많은 애벌레를 찾았나요?

4. 나뭇가지와 모루를 이용해 애벌레를 만드는 미술 활동도 할 수 있어요.
 - 숲속에서 적당한 나뭇가지를 찾아 모루를 감아주세요.
 - 뽕뽕이, 완구용 눈알 등 미술 재료로 애벌레를 꾸며보세요.
 - 완성된 애벌레를 나뭇잎, 나뭇가지, 꽃 위에 올려 숨겨보세요.

〈애벌레는 나뭇잎을 좋아해〉

애벌레는 무엇을 먹고살까요? 우리가 흔히 알고 있는 먹이는 나뭇잎이지만, 사실은 애벌레는 처음부터 나뭇잎을 먹지 않아요. 애벌레는 알에서 나와 자신이 나온 알의 껍질을 갉아 먹고 어느 정도 성장하면 초록색 나뭇잎들을 먹기 시작하면서 초록 잎과 같은 초록색을 띠기 때문에 천적으로부터 자신을 보호할 수 있답니다.

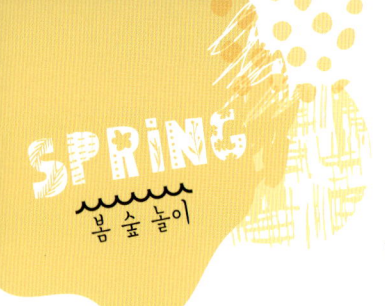

SPRING
봄 숲 놀이

나비로 변신해요

나비는 봄을 알리는 곤충 중 하나에요. 알에서 태어난 애벌레부터 시작해 화려한 무늬의 날개를 달기까지, 나비의 성장 과정을 알아봐요.

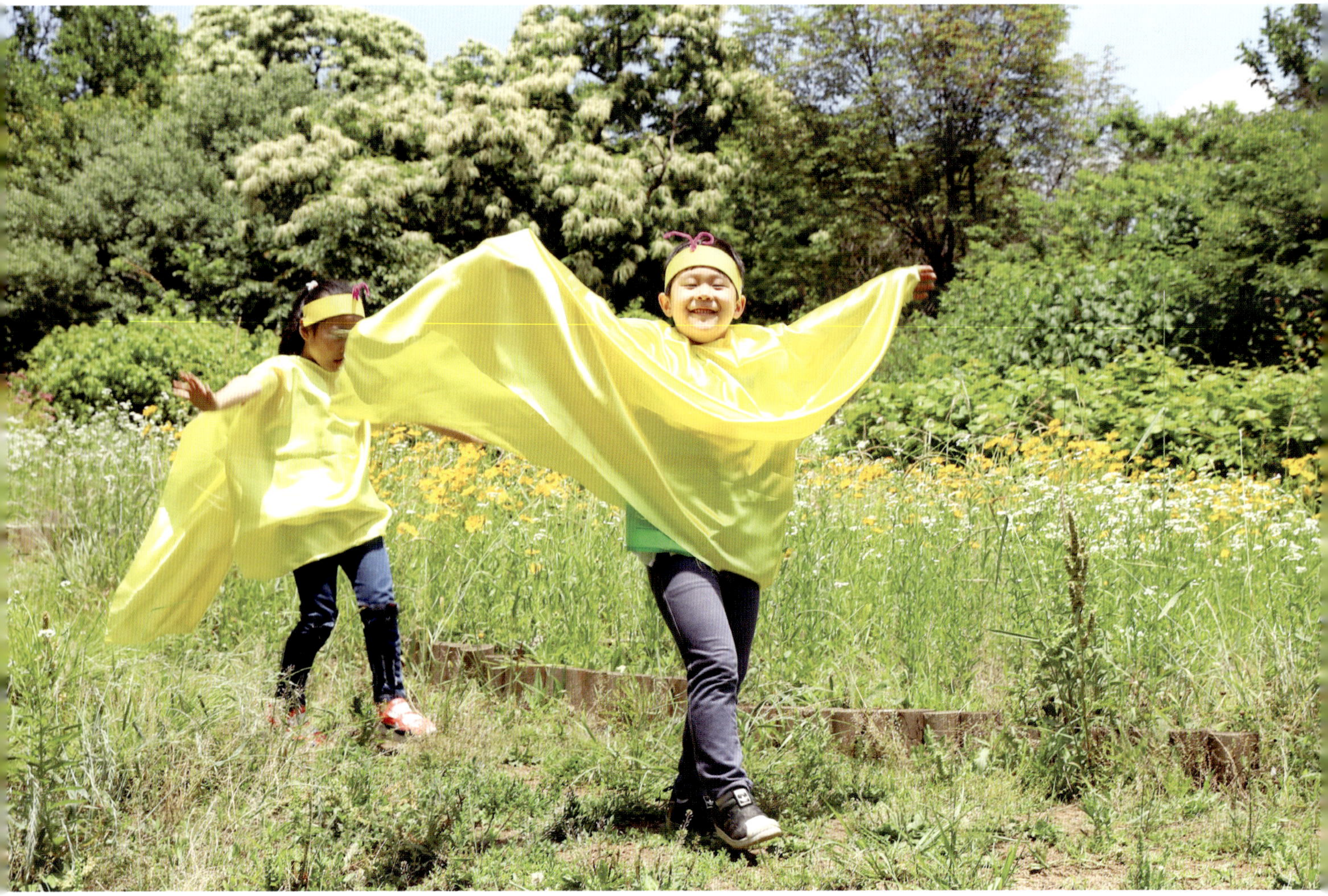

준비하기 구멍을 낸 대형 천(노랑, 초록, 흰색 등)

활동하기

1. 나비에 대해 이야기를 나누어요.

- 나비를 본 적 있나요? 어떤 무늬를 가진 나비였나요?

2. 나비의 성장과정을 알아봐요.

- 나비는 애벌레부터 많은 과정을 거쳐 아름다운 나비가 된답니다.
- 나비의 성장 과정은 알→ 애벌레→ 번데기→ 나비 순이에요.

3. 다양한 색상의 천을 이용해 나비의 성장과정을 몸으로 표현해요.
   - 알→ 애벌레→ 번데기→ 나비가 되는 과정을 몸으로 표현해보세요.
   - 알은 어떻게 표현할 수 있을까요? 애벌레는 어떻게 표현하면 좋을까요?
   - 초록색 천에 구멍을 뚫어 뒤집어쓰고 꿈틀꿈틀 애벌레가 되어보아요.
   - 번데기는 어떻게 표현할까요?
   - 흰 천을 감아 나무에 매달린 애벌레가 되어보세요.
   - 나비가 되기 전 애벌레와 번데기는 어떤 느낌일까요?
   - 나비는 어떻게 날아다니나요?
   - 노란색 천을 펄럭이며 나비를 표현해보세요.

〈나비의 놀라운 날갯짓〉

'나비처럼 날아 벌처럼 쏜다.' 라는 말을 들어 본 적 있나요? 나비의 비행 실력은 엄청 뛰어나다고 해요. 나비는 초당 10~12회의 날갯짓만으로도 천적을 따돌릴 수 있어요. 날갯짓으로 소용돌이를 만들어 양력을 만들기 때문이래요. 이러한 나비의 비행술을 따라 비행기의 날개나 드론 등을 개발하고 연구 중이라고 합니다.

SPRING
봄 숲 놀이

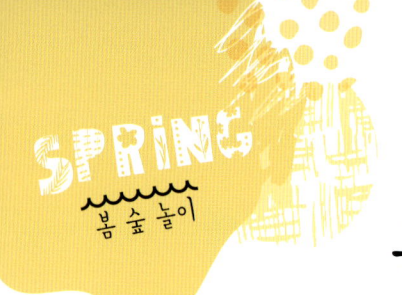

곤충의 눈으로 숲을 바라봐요

곤충의 눈으로 본 세상은 어떤 모습일까요? 곤충은 겹눈으로 머리를 돌리지 않고 주변을 넓게 바라볼 수 있어요. 곤충의 눈을 만들어 숲을 바라보세요.

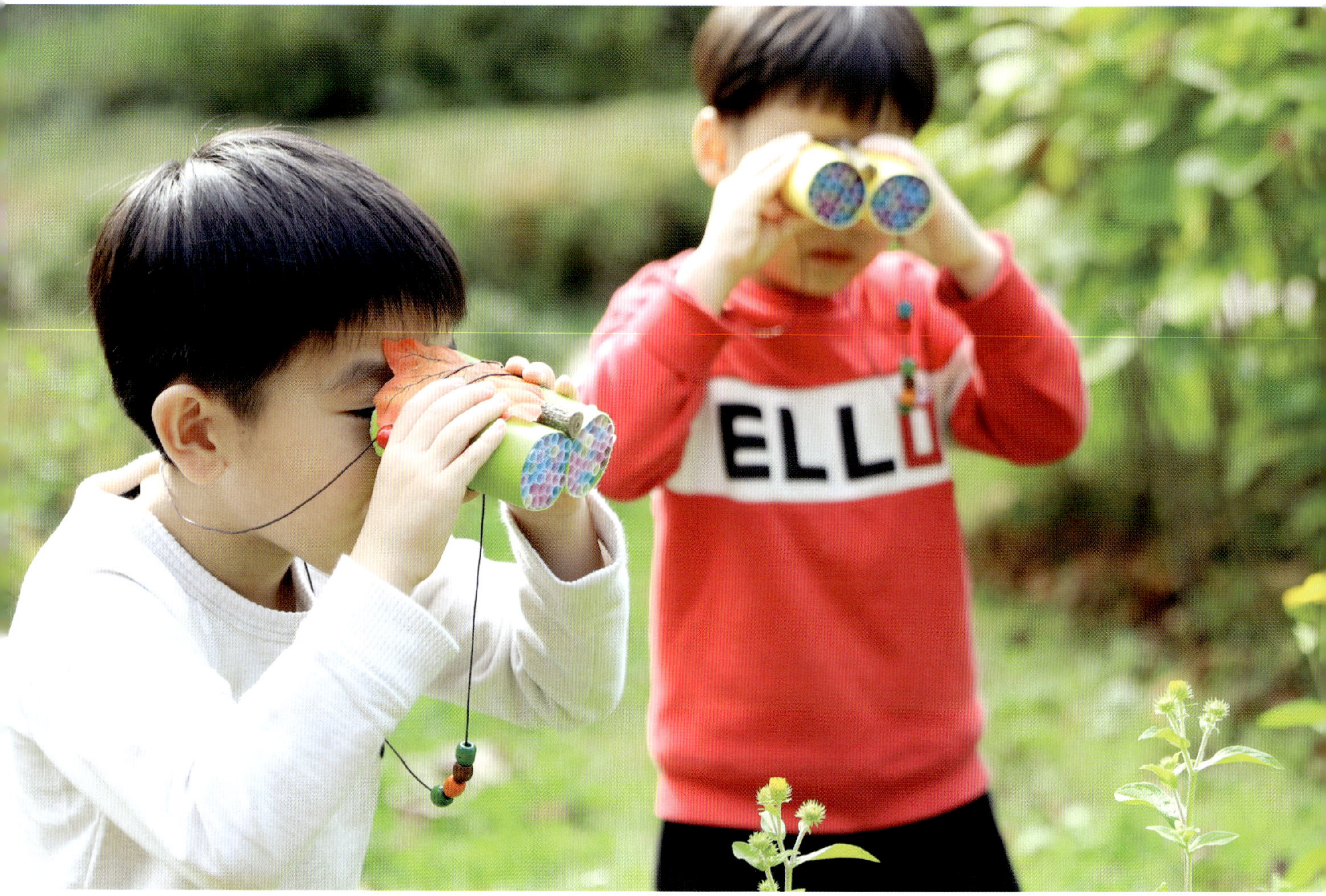

준비하기 휴지심, 빨대, 가위, 끈 등

활동하기

1. 곤충의 눈에 대해 이야기를 나누어요.

- 잠자리의 눈을 본 적 있나요? 곤충들의 눈은 어떤 모양인가요?
- 곤충의 눈은 작은 벌집 모양으로 촘촘히 차 있어요. 이러한 눈을 겹눈이라고 불러요.
- 곤충의 겹눈으로 숲을 바라본다면 어떻게 보일까요? 어떤 느낌일까요?
- 곤충들은 겹눈으로 여러 각도를 동시에 볼 수 있어요.

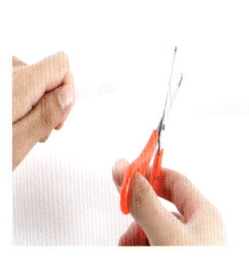

2. 곤충의 겹눈을 만들어요.
- 휴지심을 예쁘게 꾸며주세요.
- 빨대를 휴지심 길이에 맞춰 잘라주세요.
- 휴지심 구멍에 빨대를 차곡차곡 채워주세요.
- 같은 방법으로 두 개를 만들어 망원경처럼 붙여주세요.

3. 곤충의 겹눈으로 주변을 둘러보세요.
- 직접 만든 곤충의 겹눈으로 숲 속을 둘러보세요.
- 어떻게 보이나요? 어떤 느낌인가요?

〈신비한 곤충의 눈〉

곤충의 눈은 우리와는 달라요. 곤충은 벌집 모양과 같은 수많은 시각 조직으로 이루어진 겹눈을 통해 세상을 모자이크한 것과 같은 모양으로 바라볼 수 있어요. 이는 사물의 움직임을 잘 포착할 수 있어, 천적으로부터 몸을 보호하고 먹이를 쉽게 사냥할 수 있도록 도움을 줍니다.

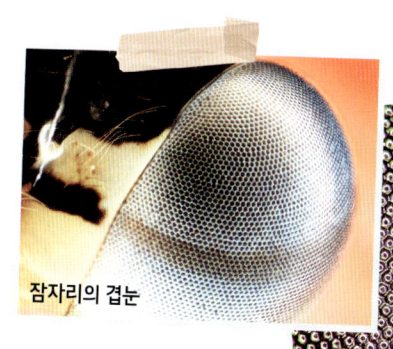

잠자리의 겹눈

SPRING
봄 숲 놀이

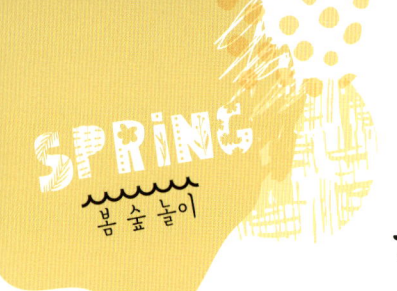

겨울잠에서 깬 개구리

동·식물이 하나둘 겨울잠에서 깨어나요. 꽁꽁 숨어 있던 개구리도 잠에서 깨어나 개굴개굴~ 봄이 왔음을 알리는 개구리처럼 '팔짝! 뛰어볼까요?'

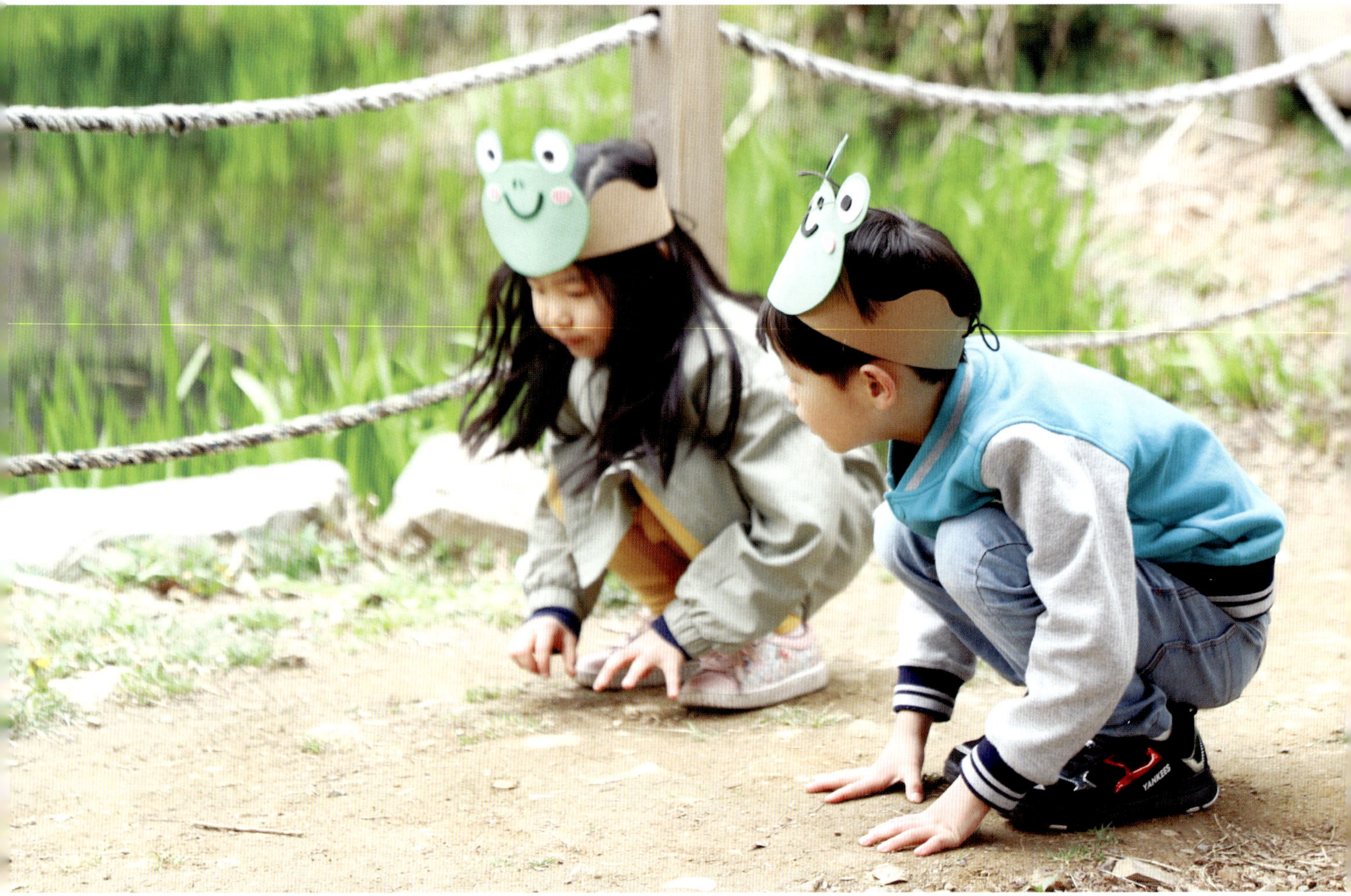

준비하기 개구리 머리띠, 포장용 에어캡, 매직펜

활동하기

1. 개구리에 대해 알아봐요.

- 개구리의 울음소리를 들어 본 적 있나요?
- 개구리는 어떻게 뛰나요? 개구리 머리띠를 쓰고 몸으로 표현해 볼까요?

2. 개구리의 성장 과정을 알아봐요.

- 개구리는 어떻게 성장할까요?(알→ 올챙이→ 뒷다리→ 앞다리→ 개구리)

3. 개구리를 찾아봐요.
- 봄철 개구리는 물가에 알을 낳기 때문에 물이 있는 곳에서 쉽게 찾을 수 있답니다.
- 계곡이나 연못 등에서 개구리를 찾아보세요.
- 개구리알과 올챙이도 함께 찾아 관찰해 보세요.

4. 포장용 에어캡을 가지고 개구리알을 표현해요.
- 에어캡 위에 매직펜으로 콕콕 개구리 알의 검은 점들을 표현해보세요.
- 다양한 색의 매직펜으로 알록달록한 개구리 알을 표현해도 좋아요.

5. 개구리 알을 표현한 에어캡을 톡톡 터트리며 촉감 놀이를 해보세요.
- 손으로 톡톡! 발로 쾅쾅! 터트려보세요.
- 어떤 느낌인가요?
- 무슨 소리가 나나요?

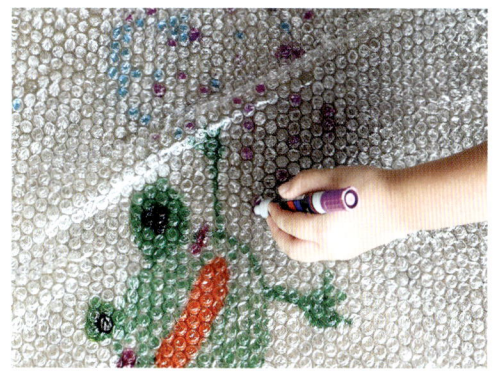

<개구리 풀잎 낚시>

개구리는 어떻게 음식을 먹을까요? 모기나 파리 등... 벌레를 긴 혓바닥으로 날름 잡아먹는답니다. 주변의 긴 풀을 뜯어 윙~ 날아다니는 벌레인 척 흔들면 개구리가 벌레로 착각해 폴짝! 뛰어올라 날름! 낚아 챈다고 해요. 마치 낚시 같지 않나요? 낚싯대 대신 풀잎을 들고 개구리가 있는 연못에서 개구리 낚시를 해 보는건 어때요?

봄 숲놀이

봄으로 물들이는 그림

봄 숲은 새싹이 싹을 틔우고, 다양한 색의 꽃이 피어나면서 알록달록하게 물들어요. 이러한 봄의 색을 그대로 하얀 종이에 담아 볼까요?

준비하기 도화지, 가위, 칼, 그리기 도구

활동하기
1. **도화지에 자신이 원하는 모양을 그려요.**
   - 하트, 구름, 버섯, 나무, 새 등… 그리고 싶은 모양을 그려주세요.
     (모양을 그대로 오려내야 하므로 간단한 모양이 좋아요.)
2. **도화지에 그린 모양을 그대로 오려요.**
   - 가위나 칼을 사용해서 모양을 오려주세요.(성인의 도움이 필요해요.)

3. 주변에서 아름다운 자연의 색을 찾아보세요.
- 오늘 하늘은 어떤가요?
- 숲속에는 어떤 색들이 있나요?
- 노란 민들레꽃, 하얀 토끼풀, 푸른 소나무 등... 다양한 색을 찾아보세요.

4. 모양을 오려낸 도화지에 자연의 색을 담아요.
- 도화지를 들고 오려낸 모양 틈으로 자연을 바라보세요.
- 도화지 위에 담고 싶은 자연을 올려놔 보세요.
- 초록 새싹들 위에 올려 볼까요?
- 알록달록한 꽃으로 새를 예쁘게 물들여볼까요?

〈봄의 색 모자이크〉

다양한 모양 종이 뒷면에 종이를 덧댄 후, 안쪽에 풀을 색칠하고 모자이크 기법으로 꽃잎 등 여러 가지 자연물을 붙여주세요. 봄의 색을 담은 향기 나는 그림이 완성됐나요? 지끈이나 집게로 완성된 작품을 숲속에 전시해보세요.

그림자 얼굴

항상 나를 따라 다니며 함께하는 그림자! 내 단짝 친구 그림자의 눈, 코, 입을 꾸며 얼굴을 만들어 볼까요?

준비하기 돌, 나뭇잎, 꽃잎, 나뭇가지, 종이, 가위, 그리기 도구

활동하기

1. **그림자에 대해 이야기를 나누어요.**
   - 그림자는 무슨 색인가요?
   - 그림자는 스스로 움직일 수 있나요?
   - 그림자는 왜 생기는 걸까요?
     (그림자는 물체가 빛을 가려서 그 물체의 뒤에 생기는 그늘이에요.)

2. 나의 그림자를 만들어요.
   - 어떻게 하면 그림자가 생길까요?
   - 햇빛이 비치는 곳에 해를 등지고 서서 그림자를 만들어요.

3. 그림자 놀이를 해요.
   - 재미있는 포즈로 다양한 모양의 그림자를 만들어보세요.
   - 친구의 그림자를 쫓아가며 그림자 밟기 놀이를 해보세요.

4. 그림자의 얼굴을 꾸며 주세요.
   - 주변의 다양한 자연물을 이용해 눈, 코, 입을 만들고 그림자의 얼굴이 되도록 맞춰 서보세요.
   - 친구와 서로 그림자의 얼굴을 꾸며줄 수도 있답니다.

5. 멋지게 꾸민 그림자를 사진으로 담아주세요.
   (아이들이 멋지게 활동한 모습을 사진으로 남겨주세요.)

〈그림자로 그림 그리기〉

색연필, 물감, 크레파스가 아니라 그림자로 그림을 그릴 수 있을까요? 해님과 종이만 있다면 그릴 수 있어요. 나무를 그리고 싶다면 나무 그림자 위에, 꽃을 그리고 싶다면 꽃 그림자 위에 종이를 올려보세요. 그림자 그림이 만들어졌나요? 그림자 그림이 사라지는 게 아쉽다면 종이 위에 나타난 그림자를 따라 그려보세요.

SPRING
봄 숲 놀이

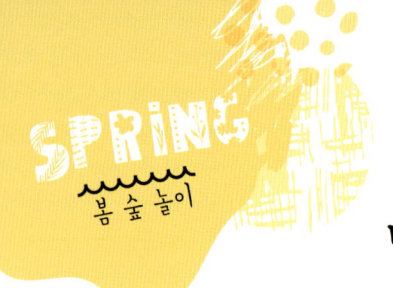

나뭇가지로 본 세상

다양한 시각으로 바라보며 놀이해요. 내가 만든 멋진 프레임을 통해 세상을 바라보고, 프레임 사이로 비치는 따뜻하고 눈부신 봄 햇살을 느껴보세요.

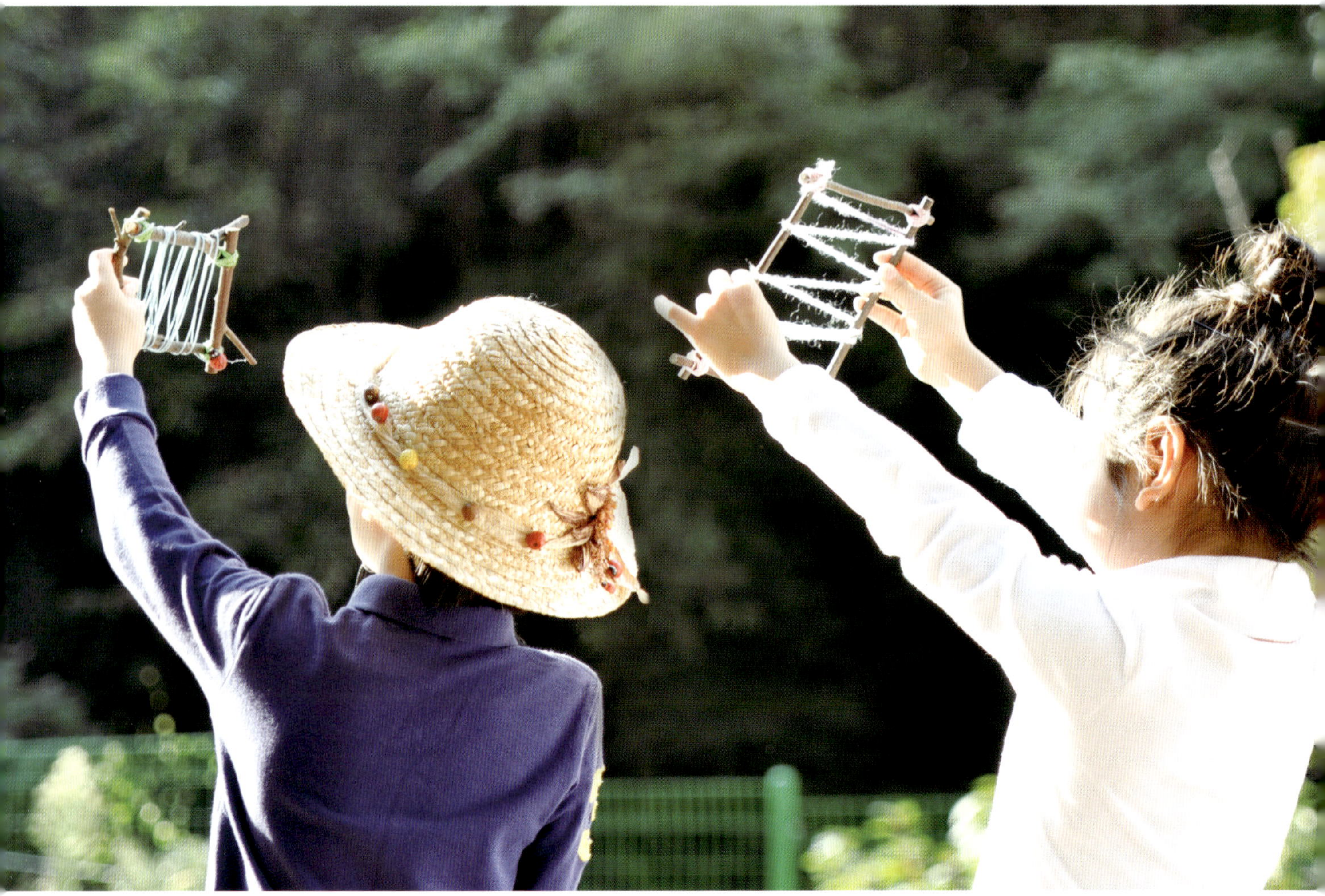

준비하기 나뭇가지, 실, 지끈, 여러 가지 자연물

활동하기

1. 나뭇가지로 프레임을 만들어요.

- 주변에 떨어진 비슷한 길이의 나뭇가지를 4개 찾아요.
- 나뭇가지의 끝 부분끼리 90도로 고정시켜 네모 모양 틀을 만들어요.
- 나뭇가지를 서로 끈으로 고정시켜요.
- 네모 모양 이외에도 삼각형 , 오각형 모양의 틀을 만들 수도 있어요.

2. 나뭇가지 프레임은 실을 장식해 완성해요.
 - 가로 세로로 실을 칭칭 감아요.
 - 실을 감은 나뭇가지 틀에 다양한 자연물을 끼워 멋진 작품을 만들어 보세요.

3. 나뭇가지 프레임을 여러 방향으로 두고 모양을 감상해 보세요.
 - 손으로 높이 들고 볼 때와 바닥에 놓고 볼 때 어떤 점이 다른가요?
 - 나뭇가지 프레임에 장식한 꽃들은 어떤 느낌인가요?
 - 나뭇가지 프레임을 빛이 비치는 쪽으로 두고 바라보세요. 그냥 볼 때와 달라 보이는 것은 어떤 이유 때문일까요?
 - 밝고 어두운 배경에 따라 나뭇가지 프레임의 느낌이 다른 것도 느껴보고, 빛이 오는 방향과 선을 느껴보세요.

〈드림 캐처〉

악몽을 걸러주고 좋은 꿈만 꾸게 해준다는 아메리카 장신구, 드림캐처! 나뭇가지와 지끈, 실, 다양한 장식으로 나만의 드림캐처를 만들어 숲이나, 집, 교실에 걸어보세요.
〈방법 1〉 나뭇가지 3개를 별 모양으로 겹쳐 중앙을 실로 고정하고 거미줄을 감듯 돌돌 말아 다양한 장식과 고리를 붙여 꾸며보세요.
〈방법 2〉 네모, 세모 등 나뭇가지 틀에 실을 감고 다양한 장식과 고리를 붙여 꾸며보세요.

SPRING

봄 숲 놀이

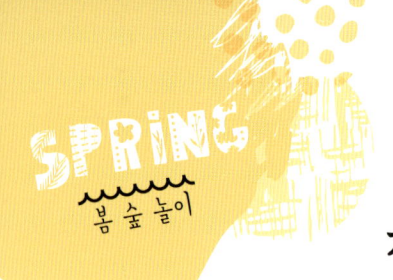

자연물 시계

숲에서 신나게 뛰어놀다 보면 시간이 어떻게 가는지 모를 때가 많아요.
시계가 없더라도 숲에서 시간을 알 방법이 없을까요?

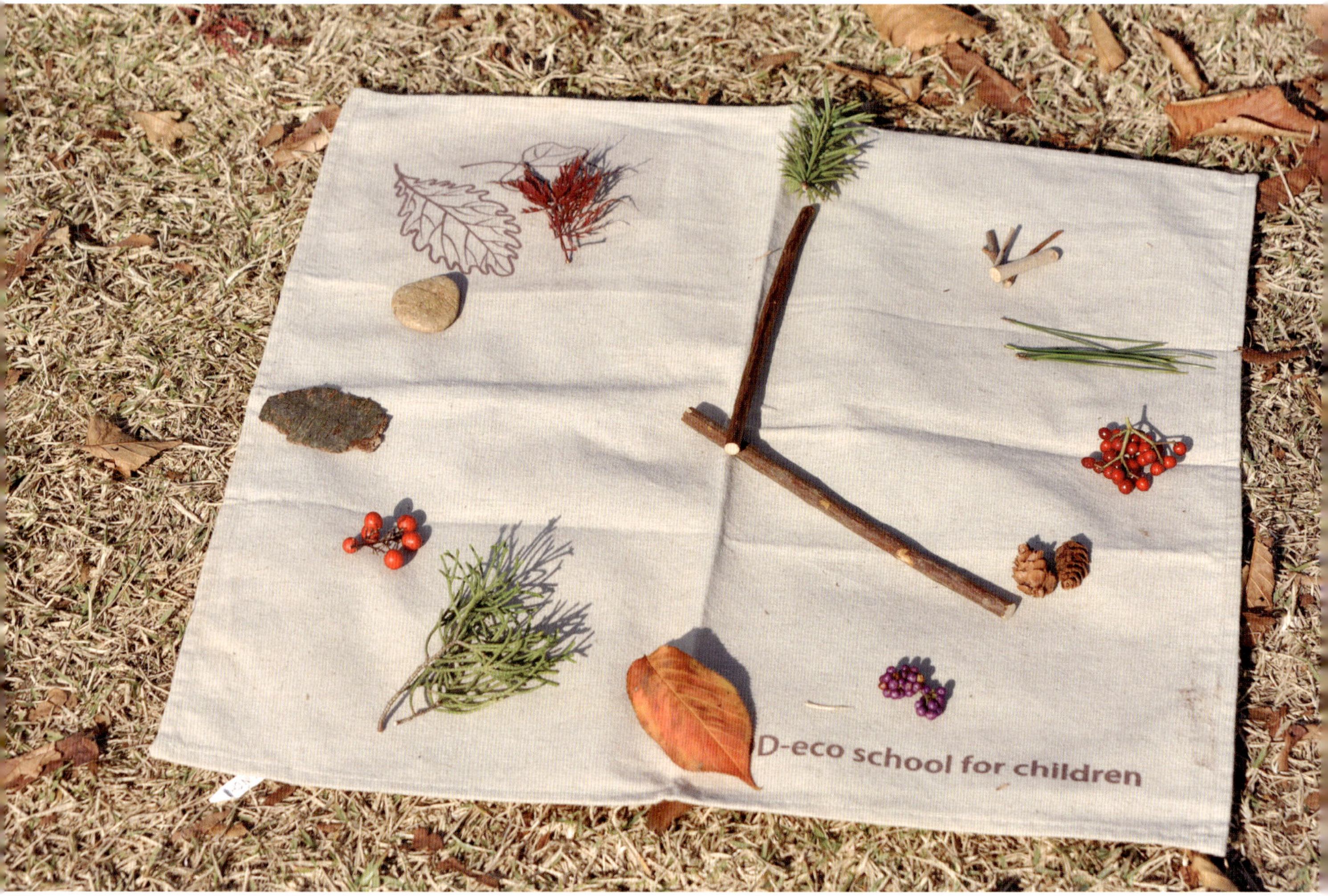

준비하기 나뭇가지, 여러 가지 자연물, 보자기

활동하기

1. 주변에서 자연물을 찾아요.

- 낙엽, 솔방울, 나무조각, 돌멩이 등 작고 다양한 자연물을 찾아주세요.
- 12개가 모두 다른 자연물을 찾아주세요.

2. 보자기 위에 시계 숫자처럼 자연물들을 동그랗게 올려요.

- 시계의 숫자 대신 일정한 간격으로 자연물을 올려주세요.

3. 보자기 가운데 나뭇가지로 시침과 분침을 만들어요.
 - 짧은 나뭇가지, 긴 나뭇가지로 시침과 분침을 만들어요.
 - 긴 나뭇가지가 시침, 짧은 나뭇가지는 분침이 되어요.

4. 완성된 자연물 시계로 시계 놀이를 해요.
 - 선생님이나 친구가 '몇 시 몇 분' 하고 말하면, 나뭇가지를 이용하여 재빨리 그 시간을 만들며 놀이합니다.
 - 오늘 아침잠에서 깬 시간, 어제저녁 아빠가 온 시간 등 특별한 시간을 나타내보아요.
 - 재미있는 시계 놀이로 시계의 원리와 시간의 개념을 익혀보세요.

notes:

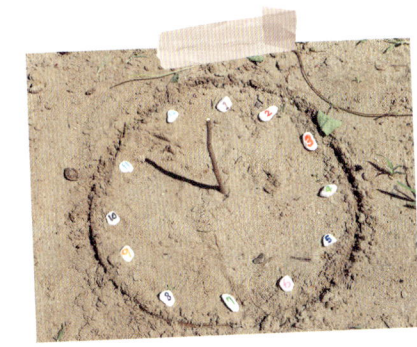

〈해시계를 만들어요〉

숲속 햇빛이 잘 드는 공터 바닥에 나뭇가지를 수직으로 세운 후, 막대기가 만들어내는 그림자의 위치로 시간을 알아내는 자연물 해시계를 만들어보세요. 자연물 시계와 마찬가지로 자연물을 동그랗게 배치하고 중앙에 나뭇가지를 수직으로 세워 나뭇가지 그림자의 움직임을 관찰하면 시간을 알 수 있어요.

봄숲놀이

땅에 그리고 놀아요

나뭇가지 하나만 있으면 숲속 어디서든 그림을 그릴 수 있어요. 알록달록 색깔을 나타낼 수는 없지만, 아이들의 마음을 나타내기에 부족함이 없답니다.

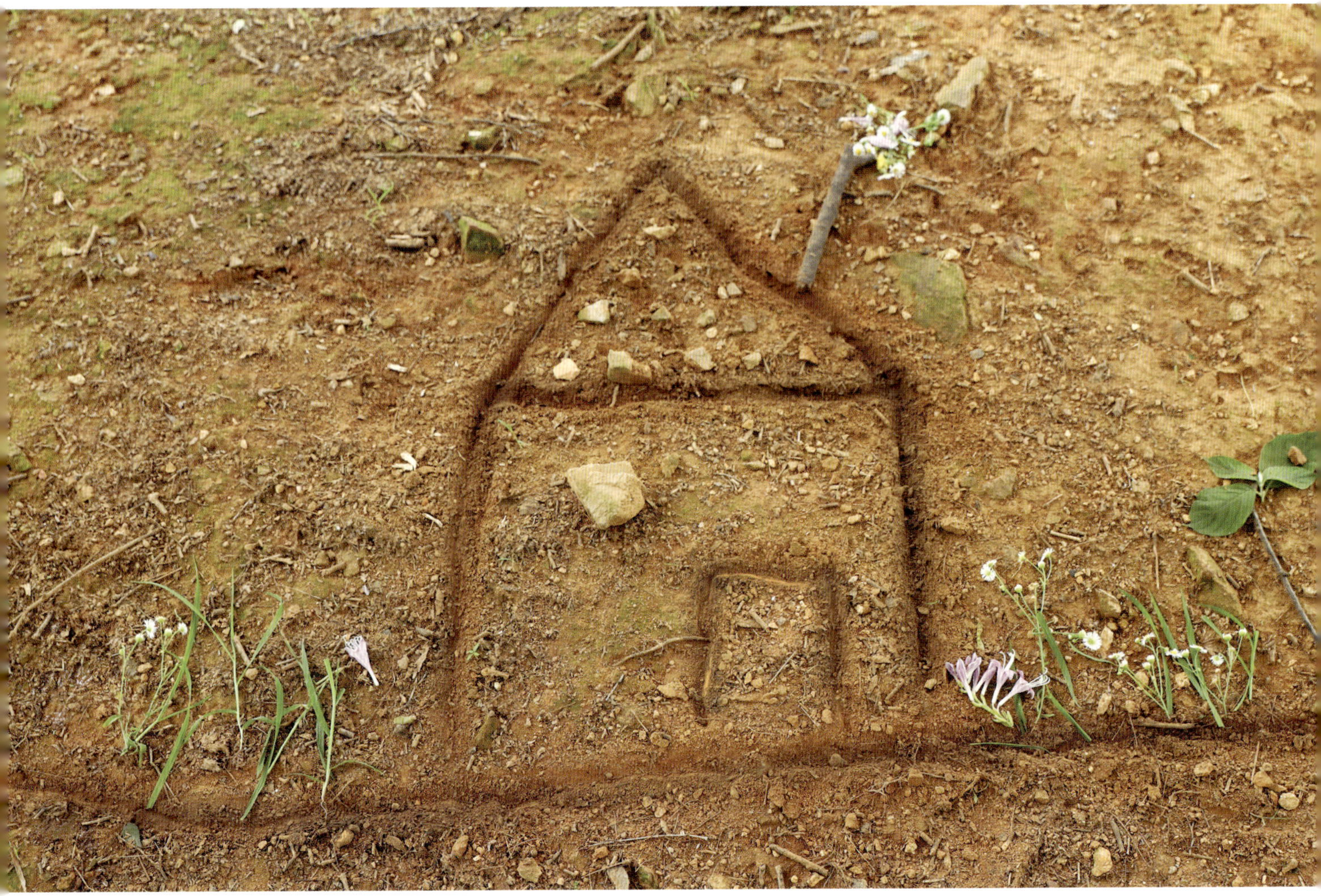

준비하기 나무 막대, 물, 주전자

활동하기
1. 그림을 그리기 좋은 넓은 장소를 찾아요.
   - 도화지나 종이가 없다면 어디에 그림을 그릴 수 있을까요?
   - 숲속 넓은 공터나, 공원, 학교 운동장에 그릴 수 있어요.
3. 나뭇가지로 땅에 멋지고 예쁜 그림을 그려보세요.
   - 크레파스, 색연필 대신 나뭇가지로 땅을 넓은 도화지 삼아 나만의 그림을 그려보세요.

- 내가 그리고 싶은 것들을 자유롭게 그림으로 그려도 좋고, 글로 표현해도 좋아요.
- 그림을 지우고 싶을 땐 어떻게 하면 좋을까요? 땅을 발로 쓱쓱, 손으로 쓱쓱 문질러 보세요.
- 친구와도 함께 협동하여 커다란 그림을 그려보세요.
- 나뭇가지 말고 또 어떤 도구로 그림을 그릴 수 있을까요?
- 주전자나 물병에 물을 담아 땅에 물을 부어보세요. 그림이 그려지나요?
- 멋지게 그린 그림 위에 돌이나 나뭇잎 등으로 꾸며보세요.

4. 내가 그린 그림을 소개하고 활동을 평가해보세요.
- 나뭇가지로 그림을 그려보니 어땠나요?
- 도화지가 아닌 땅에 그림을 그려보니 어땠나요?

〈흙 물감 그림〉

나뭇가지로 땅에 멋진 그림을 그려봤다면 이번엔 흙으로 물감을 만들어 색을 칠해 볼까요? 흙의 색깔은 비슷한 것 같지만 흙의 종류에 따라 색과 크기가 조금씩 달라요. 숲속의 다양한 장소에서 흙을 수집해 물과 섞어 흙 물감을 만든 다음 그림을 그려보고 색칠을 해보세요.

SPRING
봄숲놀이

흙으로 놀아요

숲속에서 그리는 그림은 물감, 색연필, 크레파스가 필요하지 않아요.
흙만 있으면 OK! 방법도 여러 가지! 멋진 그림을 쉽고 빠르게 그릴 수 있어요.

준비하기 체반, 모종삽, 풀, 도화지

활동하기
1. **숲속의 흙을 모아주세요.**
   - 숲속의 흙은 무슨 색인가요?
   - 어떤 냄새가 나요?
   - 어떤 느낌인가요?
   - 다양한 색의 흙을 모아 비교해보세요.

2. 흙으로 그림을 그려보아요.
- 도화지 위에 손을 올려요.
- 친구의 손 위에 체반으로 고운 흙을 뿌려보세요.
- 고운 흙의 느낌은 어떤가요?
- 도화지 위에 올려놓은 손을 조심조심 빼보세요. 멋진 손바닥 그림이 생겼나요?

3. 다양한 방법으로 그림을 그려요.
- 손이 아닌 자연물을 종이 위에 올린 후 고운 흙을 뿌려보세요. 어떤 모양이 나올까요?
- 도화지 위에 흙을 체로 걸러 고운 흙을 뿌리고 손가락으로 그림을 그려보세요.
- 풀을 이용해서 그림을 그리고 그 위에 흙을 솔솔 뿌린 후, 흙을 살살 털어 주세요. 멋진 그림이 나왔나요?

〈숲속에 손도장을 찍어요〉

이번에는 도화지가 아닌 땅 위에 손바닥 그림을 그려볼까요? 숲속에 놀러 왔다고 숲속 친구들이 알 수 있도록 손도장을 남겨 봐요. 도화지 위에 흙으로 그린 그림과 방법은 똑같아요. 대신 눈에 잘 띄도록 하얀 밀가루를 뿌려 손도장을 찍고 주변을 자연물로 예쁘게 꾸며 보세요.

돌 지압 길

제2의 심장이라 불리는 발, 돌 지압 길을 걸으면 혈액순환에 도움이 된다고 해요.
돌 지압 길을 걸어보며 건강해지는 기분을 두 발로 느껴보세요.

준비하기 돌, 나뭇가지, 나뭇잎

활동하기
1. **돌 지압 길에 대해 알아봐요.**
   - 돌 지압 길을 걸어 본 적 있나요? 돌 지압 길을 걸으면 몸과 머리가 건강해진대요.
2. **돌 지압 길을 만들 돌을 주워요.**
   - 숲속 주변에서 다양한 돌을 모아주세요.
   (깨진 돌은 발이 다칠 수 있으니 사용하지 않는 것이 좋아요.)

3. 돌 지압 길을 만들어요.
- 바닥에 지압 길을 만들 구간을 표시하고, 그 위에 돌을 촘촘히 채워보세요.
- 많은 돌이 필요하기 때문에 친구와 힘을 합쳐 만들어요.
- 나뭇잎, 꽃잎을 뿌려 완성된 돌 지압 길을 꾸며 보세요.

4. 완성된 돌 지압 길을 걸어 봐요.
- 돌 위를 신발을 벗고 걸어보세요.
- 돌을 밟고 서 있을 때와 걸을 때 어떤 느낌이 나요?
- 발바닥이 아프다면 친구의 손을 잡고 천천히 걸어보세요.
- 돌 지압 길 외에도 나뭇가지나 나뭇잎을 밟았을 때 어떤 느낌이 나는지 느껴볼 수도 있어요.

〈감각 주머니〉

크기와 모양이 조금씩 다른 다양한 자연물로 재미있는 감각 수수께끼 놀이를 해보세요. 주머니에 주변의 자연물을 하나 넣은 후 다른 친구가 손을 넣어 촉감만으로 그 자연물을 맞혀보거나 같은 자연물을 여러 개 넣고 손을 넣어 한 움큼 집은 후, 손으로 집은 자연물의 개수를 맞히는 놀이를 해보세요.

여름의 싱그러움을 흠뻑 느낄 수 있는 여름 숲으로 모두 모여라!
시원한 소나기와 뜨거운 햇살을 먹으며 쑥쑥 자라는 나무와 꽃,
맴맴- 매미가 큰 목소리로 우리를 환영해줘요.
큰 나무 그늘아래 쉼터에 모여 아이들이 함박웃음을 짓는답니다.

SUMMER

딱따구리 여름의 숲

DD-ECO SCHOOL

여름 나뭇잎을 관찰해요

여름은 나뭇잎이 더욱 크고 짙어지는 계절이에요. 햇빛을 많이 받으려고 그늘에 있는 잎일수록 더욱 크게 자라나요. 많은 햇빛을 모아 영양분을 만들어야 하기 때문이에요. 이 영양분으로 나무는 키도 크고 튼튼해지며, 가을의 열매를 만드는 에너지로 사용한답니다.

잎의 생김새

잎머리
잎마다 뾰족하기가 조금씩 달라요.

표면
사철나무 잎처럼 반질반질 코팅이 된 잎도 있어요.

잎자루
나무와 잎을 연결시키는 곳이에요. 센 바람에도 꺾이지 않도록 튼튼하고 잘 휘어져요. 뿌리의 물을 잎으로 보내고, 잎의 영양분을 나무로 보내는 체관이 있어요.

테두리
톱니 같은 모양, 물결 같은 모양, 밋밋한 모양 등 나뭇잎마다 테두리 모양이 달라요.

 **잎맥 이란?**

잎과 줄기 사이에 물과 양분을 전달하는 통로를 말해요. 식물의 잎맥은 크게 그물 모양의 **그물맥**과 길고 나란히 배열된 **나란히맥**이 있어요.

그물맥
마치 그물처럼 보여요.
(대부분의 식물)

나란히맥
나란한 선들이 보여요.
(벼와 옥수수 등의 식물)

 잎의 여러 가지 모양

달걀처럼 동그란 모양으로 생긴 것이 많지만, 길쭉하거나 손바닥 모양이거나 넓적하기도 해요. 아주 큰 잎도 있고, 손톱만큼 작은 잎도 있어요. 여러 개의 작은 잎(소엽)이 모여 하나의 잎을 만든 모양도 있답니다.

은행나무 잎과 백합나무잎
은행나무 잎은 부채를 닮았고, 백합나무 잎은 튤립 꽃처럼 생겼답니다.

호랑가시나무 잎
테두리에 뾰족한 바늘이 달린 나뭇잎입니다. 하지만 이 정도는 특별한 건 아니에요. 선인장의 무서운 가시도 사실은 모두 잎이 변해서 된 것이니까요.

아까시나무 잎
여러 개의 작은 잎이 모여 하나의 잎이 된 아까시나무 잎. 그런데 이 아까시나무의 잎은 몇 개일까요? 1개랍니다. 조그만 작은잎(소엽)들이 모여 큰 하나의 잎이 된 거랍니다.

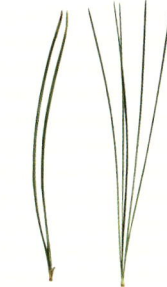
침엽수의 잎
동네 공원에서도 가장 쉽게 볼 수 있는 소나무나 잣나무의 잎은 뾰족해요. 많은 침엽수의 잎은 다 이런 모양이에요. 소나무 잎은 2개, 잣나무 잎은 5개. 바늘(잎)을 세어보면 누구의 잎인지 알 수 있답니다.

SUMMER
DD-ECO SCHOOL

여름의 풀과 꽃들

여름 풀은 얼마나 빨리 자라는지 놀라울 정도랍니다. 며칠 후에 숲을 찾아보면 그새 쑥쑥 자란 것을 알 수 있어요. 풀이 이렇게 바삐 자라는 것은 어서 열매를 맺고, 멀리 퍼뜨려야 하기 때문이에요. 수 십 년까지 살 수 있는 나무와 달리 풀은 1~2년을 살다 씨앗을 맺고 사라져 버리거든요. 다음 해 봄을 위해 여름 풀은 오늘도 쑥쑥 커나가고 있어요.

▼ 해를 찾아서 해바라기

뜨거운 여름 태양 아래 쑥쑥 커가는 해바라기. 해바라기는 어찌나 햇볕을 좋아하는지 해가 있는 방향을 따라 고개를 돌려요.
커다란 해바라기 꽃을 자세히 보면 동그란 안쪽에 수많은 작은 꽃들이 촘촘하게 있는 것을 알 수 있어요. 이것들이 모두 해바라기 씨앗이 된답니다.

◀ 저녁에 피어나는 달맞이꽃

남아메리카에서 들어온 식물로, 노란 꽃이 저녁에 피었다 아침에 진다고 하여 달맞이꽃이라 이름이 붙여졌답니다. 그런 뜻에서인지 그리움과 기다림, 애절함을 상징하는 꽃이에요. 초봄에 작은 풀을 흔히 볼 수 있지만, 한여름이면 1m나 될 정도로 튼튼하게 자라나기도 해요.

◀ 가시 돋친 잎 보랏빛 꽃 엉겅퀴

숲에서 흔히 볼 수 있는 여름 꽃이에요. 가시엉겅퀴, 고려엉겅퀴, 지느러미엉겅퀴 등 여러 가지 종류가 있지만 대부분 비슷하게 생긴 보랏빛 꽃을 피워요. 땅바닥에서부터 시작해 점점 자라 어른 무릎 정도까지 커져요.

◀ 가장 흔한 망초, 개망초

공원이나 산길에서 가장 흔한 봄의 풀이랍니다. 망초와 개망초는 이름처럼 비슷하기도 하지만, 잘 보면 다른 식물이에요. 망초는 자잘한 흰 꽃이, 개망초는 작은 달걀 프라이 같은 모양의 꽃이 피어나요. 모두 북아메리카에서 우리나라로 들어온 식물로, 커가면서 모양이 많이 변하는 특성이 있어요.

SUMMER
DD-ECO SCHOOL

여름 개울에 가서 보면

물이 넉넉한 개울가를 좋아하는 나무들이 시원한 그늘을 드리웁니다. 물속과 물가에는 작은 물고기와 여러 가지 곤충들이 살고 있답니다. 물을 좋아해서, 물속이나 물가에서 사는 이런 곤충들은 특별히 수서곤충이라고 불러요. 어떤 수서곤충들이 있는지 알아볼까요?

날도래
날개를 달고 있지만, 애벌레 때에는 물속에서 직접 집을 짓고 살아요. 나뭇잎이나 모래알을 바위 아래 딱 붙여 튼튼하게 짓는 답니다.

물잠자리
까만색 몸과 날개로 쉽게 눈에 띄는 물잠자리. 하지만 더러운 물가에는 살지 않아요. 맑은 물 근처에서만 노는 곤충이랍니다.

물자라
맑은 물에서 사는 물자라의 특징은 수컷의 등에 알을 낳는다는 점이에요. 암컷이 알을 낳으면 수컷은 무거운 알을 지고 헤엄쳐 다녀요. 가끔 물 위로 알을 드러내 공기호흡을 시키며, 어서 깨어나기를 기다린답니다.

다슬기
깨끗한 물이 흐르는 계곡의 돌이나 바위틈에 살아요. 몸은 단단한 껍질 속에 있고, 빨판으로 돌에 달라붙을 수 있어요. 달팽이나 오징어와 같은 연체동물이에요.

수서곤충은 누구의 먹이일까요?

물고기와 새들이 좋아하는 먹이랍니다. 곤충은 영양분이 많아서 물고기와 새들이 곤충을 먹고 많은 활동을 할 수 있어요. 물이 깨끗하지 않아 수서곤충이 줄어들면, 새나 곤충을 먹는 작은 짐승도 물가를 찾지 않아요. 수서곤충은 자연의 소중한 존재랍니다.

수서곤충이 우리에게 좋은 물과 나쁜 물을 알려줘요.

물 속에 어떤 수서곤충이 사는지 보면 그 물이 얼마나 깨끗한지 알 수 있답니다. 강도래, 가재, 플라나리아 등이 사는 1급수는 가장 맑은 물로, 주로 오염되지 않은 깊은 산의 계곡의 물이에요. 흐르는 속도가 빠르고, 물속 산소의 양도 많아요. 반대로 고인 물처럼 흐름이 없고, 산소도 거의 없는 물인 4급수에는 1~2급수에 사는 수서곤충들은 살 수 없어요.

소금쟁이

마치 물 위를 걷는 듯 움직이는 소금쟁이의 비밀은? 네 개의 다리에 아주 작은 털이 많이 나 있어 물 위를 걷듯 돌아다닐 수 있답니다.

가재

바닷 가재와 모양은 비슷하지만, 민물가재는 아주 작아요. 깨끗한 물에만 사는 갑각류 생물이에요.

강도래

흔히 볼 수 없는 강도래는 다 자라면 날개를 달고 날아올라요. 역시 깨끗한 계곡 물에서만 살 수 있는 수서곤충이랍니다.

플라나리아

몸이 나누어지면 죽지 않고 두 마리가 되는 특별한 생물이랍니다. 몸을 잘라 놓으면 며칠 안에 눈이 생기고 새로운 한 마리가 되어요. 납작해서 편형동물이라고 해요.

- **1급수에 사는 수서생물**
  진강도래, 무늬하루살이, 바수염날도래, 옆새우, 쇠측범잠자리, 가재, 플라나리아
- **2급수에 사는 수서생물**
  네점하루살이, 우묵날도래, 검은물잠자리, 물삿갓벌레, 다슬기
- **3급수에 사는 수서생물**
  연못하루살이, 꼬마줄물방개, 물자라, 장구애비, 참게, 왼돌이물달팽이
- **4급수에 사는 수서생물**
  깔따구류, 나방파리류, 장구벌레, 꽃등에류, 실지렁이, 거머리

여름 숲 활동

자연물로 얼굴 만들기

사과 같은 내 얼굴, 반짝반짝 눈이 예쁜 친구 얼굴, 보글보글 파마머리를 한 엄마 얼굴 등 여러 표정의 얼굴들을 숲속 자연물로 만들어보세요.

준비하기 여러 가지 자연물 (돌, 나뭇잎, 나뭇가지, 꽃잎 등)

활동하기
1. 내 얼굴과 친구의 얼굴을 비교해요.
   - 얼굴에는 무엇이 있는지 알아보아요.
   - 눈은 어떻게 생겼나요?
   - 코는 어떤 모양인가요?
   - 친구와 나의 눈, 코, 입의 모양은 어떻게 다른가요?

2. 숲에서 찾은 여러 가지 자연물의 모양을 관찰해요.
   - 나뭇잎, 돌, 나뭇가지, 꽃 등 다양한 자연물의 모양을 말해보세요.
3. 다양한 얼굴을 만들어요.
   - 동글동글한 눈은 어떤 자연물로 표현할 수 있을까요?
   - 나뭇잎을 찢어 웃는 눈, 화난 눈, 눈썹 모양을 만들어 보세요.
   - 맨 땅이나 큰 돌 위에 만들 수 있어요. 공원의 벤치 위, 잘린 나무 그루터기에 구성해도 재미있어요.
4. 자연물로 멋지게 표현한 얼굴 모양을 사진으로 남기고, 사용한 자연물은 다시 자연으로 돌려주세요.

〈다양한 얼굴 모양〉

뽀글뽀글 머리, 뾰족한 코, 빙글빙글 눈썹, 웃는 표정, 화난 표정 등 다양한 얼굴을 표현할 수 있어요. 숲속 자연물로 여러 표정의 얼굴을 만들어보세요.

여름 숲 활동

나뭇잎 인형 친구들

작은 종이 인형이 나뭇잎을 만나 생명을 얻었습니다. 아이들 손에서 탄생하는 작고 귀여운 나뭇잎 인형을 만들어보세요.

준비하기 종이 인형, 여러 가지 자연물, 양면테이프, 목공 풀

활동하기

1. **하얀 종이 인형을 만들어요.**
   - 사람 모양의 종이 인형을 자유롭게 만들어 보세요.
   - 사람 모양을 그린 후 선을 따라 오려주세요.
2. **자연물로 종이 인형에 색을 입혀요.**
   - 하얀 종이 위에 꽃이나 풀을 문질러 색을 칠해요.

3. 나뭇잎과 꽃잎, 풀잎 등을 이용하여 인형을 꾸며요.
- 나뭇잎이나 솔잎으로 머리를 표현해보세요.
- 나뭇잎 인형에게 나뭇잎 옷을 입혀주세요.
- 나뭇잎 모양에 따라 다양한 나뭇잎 인형이 탄생한답니다.
  (아이들이 자유롭게 다양한 자연물을 사용할 수 있도록 해주세요.)

4. 완성된 나뭇잎 인형을 전시해요.
- 아이들 손에서 탄생한 귀여운 나뭇잎 인형들을 숲속에 전시해 보세요.

〈자연의 색 파레트〉

여름이 되면 숲속에 숨어있던 화려한 색들이 나타나기 시작합니다. 다양한 색의 자연물과 화려한 꽃들의 색을 관찰하고 자연의 색을 모아 팔레트를 완성해 볼까요? 하얀 종이 위에 다양한 색상의 자연물을 찾아 붙여 보세요. 세상에 하나뿐인 나만의 자연물 팔레트가 될 거예요.

여름 숲 활동

나뭇잎 가면

가면을 쓰고 노는 일은 항상 흥미진진. 작은 얼굴을 가리고도 남을 만큼 큰 나뭇잎으로 가면을 만들어 가면무도회 놀이를 해보세요.

준비하기 커다란 나뭇잎

활동하기
1. 가면으로 사용할 커다란 나뭇잎을 찾아요.
   - 얼굴만한 나뭇잎을 본 적 있나요?
   - 얼굴만한 나뭇잎을 찾아보세요.
   - 바닥에 떨어진 커다란 나뭇잎을 주워요.
   (일본목련, 떡갈나무, 오동나무 등의 나뭇잎은 얼굴을 가릴 정도로 커다랗답니다.)

2. 나뭇잎 가면을 만들어요.
- 나뭇잎을 얼굴에 대고 눈, 코, 입 위치에 맞춰 구멍을 뚫을 곳을 표시해요.
- 표시한 위치를 손으로 찢거나 구멍을 뚫어 가면을 만들어주세요.
- 나뭇잎의 종류, 구멍을 뚫는 방법에 따라 다양한 가면이 만들어진답니다.

3. 나뭇잎 가면을 쓰고 가면 놀이를 해보세요.
- 멋진 가면을 쓴 친구가 누구인지 맞혀보세요.
- 가면을 쓰면 시야가 좁아지므로 평평하고 안전한 곳에서 놀이하세요.

내가 누구게?

〈나뭇잎 마술〉

넓은 숲에서 아이들을 주의집중 시킬 때 보여줄 수 있는 간단한 마술이에요.
① 온전한상태의 얇고 넓은 나뭇잎을 아이들에게 보여주세요.
② 왼손으로 나뭇잎을 계란을 쥔 듯 잡아주세요.(칡 잎을 이용하면 좋아요)
③ 오른손으로 왼손에 쥐고 있던 나뭇잎 위를 내려치면 나뭇잎에 구멍이 뚫려요.

여름 숲 활동

나뭇잎 부채

땀이 삐질, 햇빛은 쨍쨍! 무더운 여름. 자연의 향기를 덧대어 바람을 일으킬 수 있는 나뭇잎 부채로 더위를 식혀보세요.

준비하기 부채, 나뭇잎, 양면테이프, 목공풀

활동하기
1. '바람'에 대해 이야기를 나누고, 몸으로 바람을 표현해요.
   - 머리카락, 손바닥, 등으로 바람을 만들어 보세요.
   - 숲속에 가만히 누워 자연 바람을 느껴 보세요.
2. 숲속에서 다양한 모양의 나뭇잎을 수집해요.
   - 여러 가지 모양의 나뭇잎을 찾아 모아주세요.

- 떡갈나무, 오동나무 잎처럼 넓은 잎도 좋고, 벗나무 잎처럼 손바닥만 한 나뭇잎도 좋아요.
- 뾰족뾰족한 침엽수도, 동글동글한 활엽수도 상관없어요.

3. 나뭇잎 부채를 만들어요.
- 양면테이프나 목공 풀을 이용하여 부채에 다양한 모양의 나뭇잎을 붙여주세요.
- 나뭇잎을 붙이고 주변의 자연물을 이용하여 부채를 다양하게 꾸며보세요.

4. 나뭇잎 부채로 살살 부채질을 해보세요.
- 시원한 바람이 느껴지나요?
- 친구에게도 부채질을 해주세요.
- 플라스틱 부채와 다른 점은 무엇인가요?

〈나뭇잎 깃발〉

깃발은 특별한 것을 나타내고 잘 보이도록 해준답니다. 나뭇가지와 나뭇잎을 이용해 나뭇잎 깃발을 만들어 숲속 이곳저곳에 꽂아보세요. 나뭇잎 끝부분에 위, 아래로 구멍을 뚫어 나뭇가지를 끼워 만들어요. 완성된 나뭇잎 깃발을 들고 뛰어도 보고, 숲속 곳곳에 나뭇잎 깃발을 꽂아보세요.

여름 숲 활동

나뭇잎 모빌

길쭉한 모양, 둥글한 모양, 뾰족한 모양, 다양한 모양의 나뭇잎을 실로 꿰매 푸릇푸릇한 나뭇잎 모빌을 만들어보세요.

준비하기 나뭇잎, 실, 나뭇가지

활동하기
1. 나뭇잎을 수집해요.
   - 주변 나무의 나뭇잎을 관찰해보세요.
   - 어떤 모양인가요?
     (나무마다 나뭇잎의 모양이 달라요.)
   - 다양한 모양의 나뭇잎을 모아주세요.

2. **나뭇잎 모빌을 만들어요.**
   - 가느다란 나뭇가지에 실을 묶어주세요.
   - 실을 묶은 나뭇가지로 나뭇잎을 한 장씩 통과시켜 모빌을 만들어요.
   - 동그란 나뭇잎 한 장, 길쭉한 나뭇잎 한 장... 패턴 놀이도 할 수 있답니다.
3. **완성된 모빌을 숲속에 매달아보세요.**
   - 자신의 모빌을 친구들에게 소개해보세요.
   - 어떤 나뭇잎을 사용하여 모빌을 만들었나요?

〈꼬마 인디언〉

숲에서 나뭇잎으로 만든 모빌로 놀이 할 수도 있어요. 나뭇잎을 정성스럽게 한 장씩 엮어 만든 모빌을 허리에 두르면? 짠! 치마가 되고요~ 머리에 묶으면? 짠! 머리띠로 변신! 인디언 복장 같지 않나요? 마무리로 나뭇가지에 나뭇잎을 꽂아 손에 쥐면 "나는야~ 꼬마 인디언! 한 꼬마 두 꼬마~세 꼬마 인디언~♪" 재미있는 인디언 놀이를 해보세요.

SUMMER 여름 숲 활동

돌멩이 그림

숲속 여기저기에 숨어있는 울퉁불퉁한 못난이 돌멩이에 알록달록 그림을 그려 귀엽고 멋진 친구로 만들어보세요.

준비하기 돌멩이, 크레파스, 분필, 물감, 사인펜 등

활동하기
1. **다양한 크기의 돌멩이를 찾아 관찰해요.**
   - 돌멩이를 만져보세요.
   - 어떤 느낌인가요?
   - 돌멩이의 크기는 서로 같나요? 왜 서로 다를까요?
   - 바람, 비 등 자연현상에 의해 겉면이 깎여 크기와 모양이 서로 달라요.

2. 돌멩이에 그림을 그려요.
 - 넓고 표면이 부드러운 돌멩이가 그림을 그리기 좋아요.
 - 돌의 모양을 살려 그림을 그려보세요.
 - 다양한 미술 재료를 이용하여 머리카락이나 눈을 표현해도 좋아요.

3. 완성된 돌멩이 그림으로 숲을 꾸며요.
 - 알록달록하게 변한 돌멩이를 모아 전시해보세요.

〈돌로 만든 놀이터〉

주변에 흔한 돌로 멋진 놀이터를 만들어보세요. 넓은 돌은 슝슝 차가 다니는 도로, 네모난 돌은 붕붕~ 자동차로 변신! 다양한 모양을 가진 돌을 나만의 장난감으로 만들어 친구들과 재밌게 놀이해보세요.

SUMMER 여름 숲 놀이

나뭇잎 퍼즐

나뭇잎을 자세히 보면 각각 다양한 모양과 무늬를 가지고 있어요. 나뭇잎을 살펴보고 나뭇잎 퍼즐을 만들어 조각난 나뭇잎을 다시 하나로 만들어보아요.

준비하기 나뭇잎, 가위

활동하기
1. **다양한 나뭇잎을 관찰해요.**
   - 여러 종류의 나뭇잎의 특징을 살펴보아요.
   - 봄에 예쁜 벚꽃이 피어나는 벚나무의 잎은 가장자리가 톱니 모양이에요.
   - 도토리가 자라는 떡갈나무 잎은 넓고 가장자리가 물결무늬예요.
   - 가을이면 빨갛게 물드는 단풍나무는 손가락처럼 잎이 갈라져 있어요.

2. **나뭇잎을 가위로 잘라 나뭇잎 퍼즐 조각을 만들어요.**
   (연령에 수준에 맞춰 나뭇잎 퍼즐 수를 조절해주세요. 나뭇잎을 여러 조각으로 나눌수록 난이도가 높아져요.)
3. **나뭇잎 퍼즐 조각을 맞춰요.**
   - 조각낸 나뭇잎 조각을 다시 맞추어보세요.
   - 나뭇잎의 모양, 무늬, 촉감 등으로 어떤 나무의 나뭇잎인지 맞혀보세요.
4. **활동을 마무리하고, 사용한 자연물은 다시 자연으로 돌려보내 주세요.**
   - 내가 맞춘 나뭇잎 퍼즐의 나무는 어떤 나무였나요?
   - 나뭇잎 조각의 나무에게 나뭇잎을 다시 돌려주세요.
   - 나뭇잎은 시간이 지나 점차 썩어 나무에게 좋은 거름이 된답니다.

〈같은 잎을 찾아요〉

여러 가지 나뭇잎을 서로 비교해 보면, 다양한 모양이 있다는 것을 알게 돼요. 도화지에 그린 여러 가지 나뭇잎 모양에 맞는 나뭇잎을 찾는 놀이를 해보세요. 아이들이 여러 나뭇잎의 비슷한 점과 다른 특징을 쉽게 이해하도록 돕는 활동이랍니다.

나뭇잎 징검다리

물 위에 있는 징검다리를 땅 위에도 만들어 볼까요? 나뭇잎을 한 장 한 장 내려놓고 폴짝폴짝 숲속 징검다리를 건너보아요.

준비하기 커다란 나뭇잎(아이들 발 사이즈 보다 큰 사이즈)

활동하기
1. 주변 나무의 나뭇잎을 관찰하고 커다란 나뭇잎을 찾아요.
   - 넓고 커다란 나뭇잎을 가진 나무는 어떤 것이 있을까요?
   - 떡갈나무, 오동나무, 목련은 쉽게 볼 수 있고, 넓은 잎을 가졌어요.
2. 징검다리에 대해 이야기를 나누어요.
   - 징검다리에 대해 알고 있나요?

- 징검다리는 개울이나 물을 건너기 위해 돌이나 흙을 드문드문 놓아 만든 다리랍니다.

3. 나뭇잎 징검다리 놀이를 해요.
- 돌이나 흙이 아닌 커다란 나뭇잎으로 징검다리를 만들어 건너보세요.
- 나뭇잎 징검다리를 사뿐히 밟고 조심조심 걸어 보세요.
- 나뭇잎 징검다리를 잘못 밟으면 첨벙! 물에 빠진 다고 상상하며 건너보세요.
- 다양한 방법으로 징검다리를 놓아 놀이해보세요.

〈나뭇잎으로 꾸민 동물〉

다양한 모양을 가진 나뭇잎들을 동물로 변신 시켜 볼까요? 스케치북 위에 나뭇잎을 요리조리 올려놓고, 자기가 생각하는 동물을 떠올려보세요. 계란 모양 나뭇잎은 거북이, 길쭉한 모양의 나뭇잎은 여우, 뾰족한 뿔을 달아주면 사슴으로 변신! 나뭇잎의 다양한 모양을 살려 동물 친구들을 만들어보세요.

숲속에 댐을 만들어요

여름에는 장마로 인한 산사태가 많이 일어나요. 하지만 나무가 많은 숲이 있다면 예방할 수 있어요. 숲이 어떻게 산사태를 예방할 수 있는지 알아볼까요?

준비하기 물, 모종삽, 포일, 비닐, 다양한 자연물

활동하기

1. 나무가 산사태를 막아주는 이유에 대해 이야기를 나누어요.
   - 산사태가 무엇인지 알고 있나요?
   - 산사태는 숲속의 흙, 돌, 잔해들이 아래쪽으로 무너져 내리는 현상이에요.
   - 나무는 어떻게 산사태를 막아줄까요?
   - 나무의 뿌리가 흙 속의 물을 흡수하고 흙이 흘러내리지 못하도록 잡고 있기 때문이에요.

2. 숲속에 나무가 없다면 어떻게 될지 이야기를 나누어요.
 – 비가 많이 오는 여름철 숲속에 나무가 없다면 숲은 어떻게 될까요?
 – 나무가 많이 없는 숲은 비가 오면 흙이 흘러내리기 쉬워요.

3. 숲속에 작은 댐을 만들어 산사태 놀이를 해요.
 – 삽을 이용하여 흙을 파 물이 흘러가는 수로를 만들어요.
 – 물이 흐르는 길 위에 비닐이나 포일을 깔아주세요.(비닐이나 포일이 없다면 생략해도 좋아요)
 – 수로 끝이나 중간중간에 주변 자연물을 이용하여 댐을 만들어 놀이해보세요.
 – 수로 위쪽에 물을 천천히 부어 흘려보내볼까요?
 – 나뭇잎을 띄우거나 나뭇잎으로 배를 만들어 띄우며 자유롭게 놀이해보세요.

notes: ....

〈나뭇잎 둥둥 배〉
① 길쭉한 나뭇잎 양끝을 1/4 정도 접는다.
② 접은 끝 부분을 3등분하여 찢는다.
③ 양옆 잎을 서로 끼워 고정시킨다.
④ 반대편도 같은 방법으로 만들면 나뭇잎 배 완성!

여름 숲 놀이

칡 줄기로 놀아요

나무줄기에는 물과 양분이 이동하는 길인 수관과 체관이 있어요.
체관이 굵은 칡 줄기로 비눗방울을 불어보세요.

준비하기 칡 줄기, 비눗방울 액, 컵, 전지가위

활동하기
1. 체관에 대해 이야기를 나누어요.
   - 나무는 어떻게 물을 먹을까요?
     (뿌리가 물을 빨아들여 나뭇잎까지 전달해요.)
   - 뿌리에서 나뭇잎까지 물을 어디로 전달할까요?
   - 나무에는 물과 양분이 다니는 길이 있어요. 이 길을 수관과 체관이라고 해요.

2. 칡 줄기의 체관을 관찰해요.
- 체관은 우리 눈에 잘 보이지 않는 작은 크기예요.
- 칡 줄기는 굵은 체관을 가지고 있어요. 칡 줄기를 잘라 체관을 관찰해보세요.

3. 칡 줄기로 비눗방울을 불어보아요.
- 칡 줄기를 적당한 길이로 잘라 비눗방울 액을 묻혀 불어보세요.
- 칡 줄기 속 체관으로 공기가 통해 비눗방울이 불어진답니다.
- 비눗방울을 누가 더 길게 부나 시합을 해보세요.
- 보글보글 불어진 비눗방울을 나뭇잎 위에 올려 비눗방울 애벌레를 만들어보세요.

〈비누 거품 그림〉

칡 줄기를 불어 만든 비누 거품으로 도화지에 그림을 그릴 수 있어요. 물감을 섞은 비눗방울 액을 불어 종이에 콕! 찍어보세요. 파란 물감의 비눗방울은 뭉실뭉실 구름이, 노랑 비눗방울 거품은 노란 개나리꽃, 초록 비눗방울은 푸르른 나무가 될 수 있어요.

SUMMER 여름 숲 놀이

자연물 다른 그림 찾기

숲속 자연물을 자유롭게 배치한 후에, 자연물 위치를 살짝 바꾸어 달라진 것을 찾는 놀이예요. 관찰력과 주의력이 쑥쑥 자라나요!

준비하기 나뭇가지, 여러 가지 자연물, 채집통, 보자기

활동하기

1. 숲을 산책하며 다양한 자연물을 수집하고 나뭇가지로 네모난 액자 틀을 만들어요.
   - 채집통이나 보자기를 이용하여 돌, 나뭇가지, 나뭇잎, 꽃잎 등 자연물을 찾아 수집해주세요.
   - 주변의 그루터기나 땅 위에 나뭇가지를 이용해 네모난 액자 틀을 만들어주세요.

2. 자연물 다른 그림 찾기 놀이를 해요.
   - 친구와 둘이 짝을 지어요.

- 친구와 함께 나뭇가지 액자 틀에 자연물을 자유롭게 배치해요.
- 자연물 위치와 모양을 잘 기억해요.
- 한 명은 뒤로 돌고, 다른 유아는 자연물 배치를 슬쩍 바꾸어 놓아요.
- 뒤 돌아있던 유아는 다시 뒤로 돌아 무엇이 바뀌었는지 찾아보는 놀이예요.
- 틀린 곳을 찾았나요? 반대로 역할을 바꿔서 놀이해보세요.

〈자연물 분류하기〉

주변 자연물의 공통점을 찾아 나뭇가지로 만든 틀 안에 끼리끼리 모아볼까요? 나뭇잎은 나뭇잎끼리, 돌멩이는 돌멩이끼리 분류하거나, 자연물의 색깔을 기준으로 초록색 나뭇잎, 초록색 풀잎을 한 곳에 갈색 돌멩이, 갈색 나뭇잎을 한 곳에 다양한 방법과 기준으로 자연물을 분류해보세요.

여름 숲 놀이

자연물 가위바위보

누구나 알고 있는 가위바위보 놀이를 숲에서는 조금 더 특별하게 할 수 있어요.
단단한 돌멩이는 바위, Y자 모양의 나뭇가지는 가위, 널찍한 나뭇잎은 보자기!

준비하기 돌, Y자 모양 나뭇가지, 나뭇잎

활동하기
1. **자연물 가위바위보 놀이를 알아보아요.**
   - 손으로 하는 가위바위보 말고 자연물로 가위바위보 놀이를 해보세요.
   - 가위는 어떤 자연물로 할지, 바위와 보는 어떤 자연물로 할지 약속을 정해요.
   - 나뭇가지, 돌, 나뭇잎이 가위바위보의 어떤 모양과 닮았는지 이야기를 나누어요.
   - 가위는 Y자 나뭇가지, 바위는 돌, 보자기는 나뭇잎으로 정해요.

2. 주변에서 가위바위보 자연물을 수집해요.
 - 한 손에 쥘 수 있는 크기의 자연물을 찾아주세요.

3. 자연물 가위바위보 놀이를 해요.
 - 자연물들을 손에 쥐고 등 뒤에 숨긴 후, 친구와 마주 보고서요.
 - 가위바위보! 신호와 함께 손에 쥐고 있던 자연물 중 하나를 내요.
 - 처음엔 조금 헷갈리지만 한두 번 해보면 금방 재미있어진답니다.

〈아까시 나뭇잎 가위바위보〉

아까시 나무의 큰 잎 하나에는 9~19개 정도의 작은 잎들이 붙어있어요. 친구와 가위바위보를 해 이긴 사람이 상대방의 잎을 하나씩 떼는 방법으로 놀이합니다. 나뭇잎을 모두 떼어내는 친구가 승리!

곤충의 보호색

꼭꼭 숨어라~ 머리카락 보일라~ 🎵 숲속 곤충들이 요기조기 꼭꼭 숨었어요.
눈을 크게 뜨고 보호색으로 숨어있는 곤충들을 찾아보세요.

준비하기 여러 가지 곤충 피규어, 숲속 배경지, 흰 종이

활동하기

1. **보호색에 대해 알아보아요.**
   - 내가 알고 있는 곤충의 색을 말해보세요.
   - 보호색은 자신의 몸을 보호하기 위한 색으로 주변 환경과 비슷한 색을 말해요.
2. **배경을 다르게하여 보호색을 비교해요.**
   - 곤충 피규어를 숲속 배경지에 놓아보고 잘 보이는지, 어떻게 보이는지 이야기를 나누어요.

- 곤충 피규어를 흰 종이와 풀 숲에 올려 비교해보세요. 어떻게 다른가요?

3. 보호색 찾기 놀이를 해요.
- 숲속 곳곳에 곤충 피규어를 숨겨보세요.
- 곤충 피규어와 비슷한 색상의 자연물을 찾아 함께 숨겨도 좋아요.
  (자신이 숨긴 자리를 기억할 수 있도록 해주세요.)
- 숲속에 숨겨놓은 피규어를 찾아보세요.

notes: ······························

〈보호색과 경계색〉

자신의 몸을 보호하기 위해 주변의 색깔과 비슷한 보호색을 갖는 곤충으로는 사마귀, 대벌레, 나뭇잎 나비, 호랑나비 애벌레 등이 있어요. 반대로 자신이 위험한 동물이라는 것을 적에게 알려 자신을 보호하기 위해 화려하고 눈에 띄는 경계색을 가진 곤충으로는 무당벌레, 장수말벌, 제왕나비 등이 있어요.

호랑나비 애벌레

칠성 무당벌레

여름 숲 놀이

나무의 뿌리를 표현해요

뿌리는 나무가 쑥쑥 자라도록 땅속에서 중요한 일을 해요.
고마운 나무의 뿌리를 상상하며 땅 위에 표현해볼까요?

준비하기   나뭇가지, 곤충 피규어, 물뿌리개

활동하기

1. **나무의 뿌리에 대해 이야기를 나누어요.**
   - 나무의 뿌리를 본 적 있나요? 나무의 뿌리는 어떻게 생겼을까요?
   - 나무 뿌리는 나무를 지탱하고, 물과 영양분을 흡수하는 일을 해요.
   - 나무 뿌리 대신 작은 꽃이나 풀을 조심스럽게 파헤쳐 뿌리를 관찰해보세요.
   - 관찰한 식물은 다시 흙에 심어주세요.

2. 나무의 뿌리를 표현해요.
- 나뭇가지를 놓아 뿌리를 만들어보세요.
- 땅속에 있는 나무의 뿌리와 비슷한 뿌리가 만들어졌나요?

3. 땅속에 사는 생물들을 알아보아요.
- 나무뿌리가 있는 땅속에는 어떤 생물들이 살까요?
- 나뭇가지 뿌리 위에 곤충 피규어를 올려보며 곤충 놀이를 해보세요.

4. 물과 영양분을 먹는 나무뿌리에 물을 주어요.
- 물뿌리개를 이용하여 나뭇가지 뿌리와 물을 주어요.
- 물이 땅속 깊이 스며들어 나무가 시원한 물을 마실 수 있어요.

 ....

〈나무뿌리가 하는 일〉

나무뿌리는 땅속 깊이 뿌리를 뻗어 식물의 몸을 지탱하고, 흙 속의 물과 양분을 흡수하고 저장하는 일을 해요. 또 눈에 보이지 않는 작은 생물에게 살 곳과 영양분을 주기도 해요.

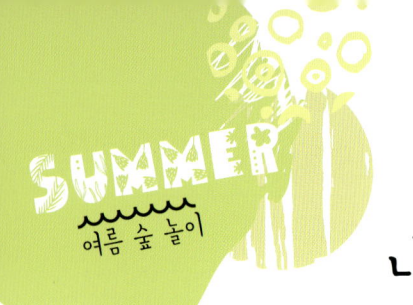

여름 숲 놀이

나무에게 물을 주세요

뿌리로 땅속의 물을 빨아들이고, 잎으로 햇빛을 받아들여 자라는 나무!
무더운 여름, 나무가 시원한 물을 마실 수 있도록 도와주세요.

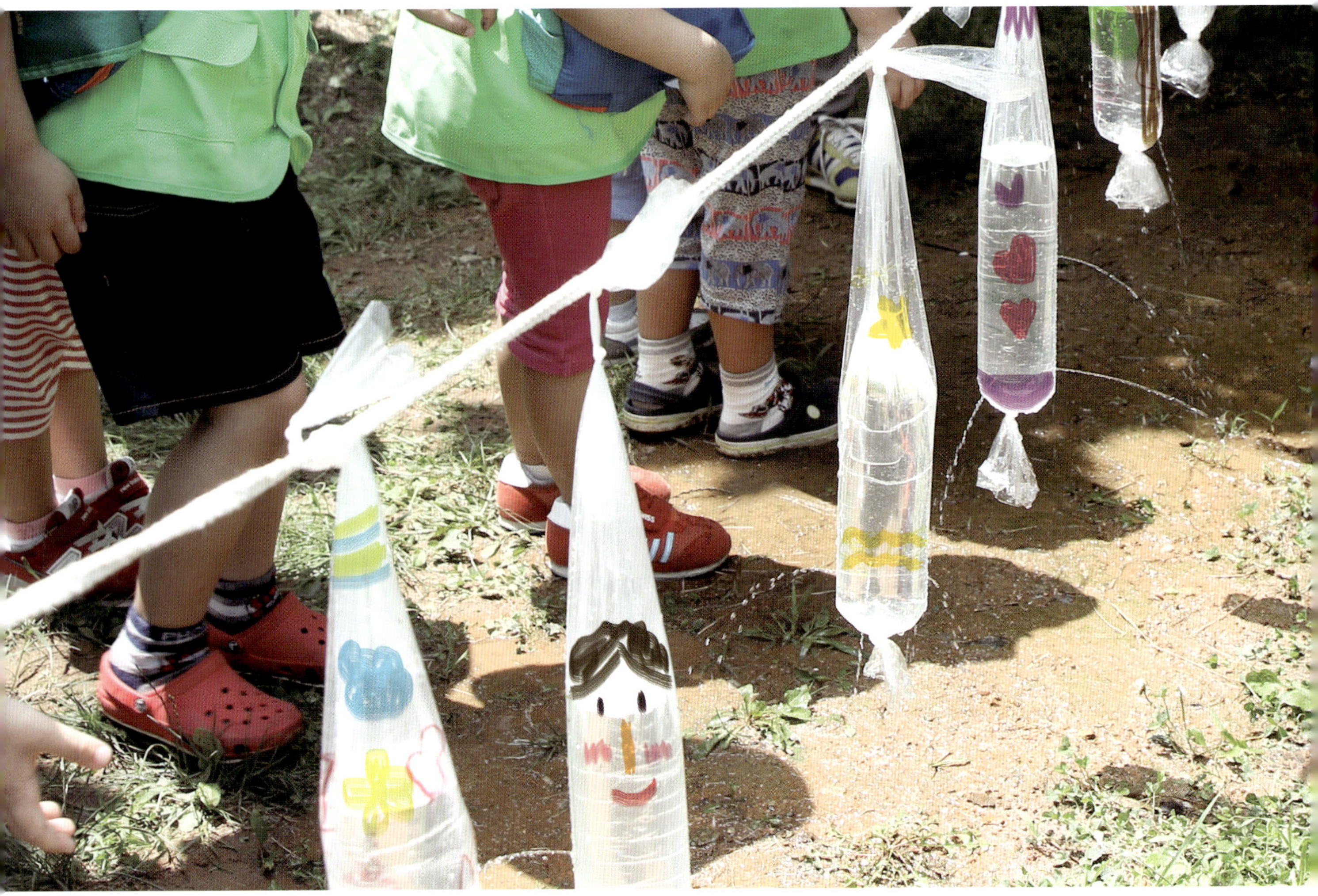

준비하기   비닐봉지, 줄, 물, 주전자 또는 물뿌리개

활동하기   1. **무더운 여름에 비가 오지 않는다면 식물들은 어떻게 될지 이야기를 나누어요.**
　　　　　　(여름 날씨에 대해 이야기를 나누어요.)
　　　　　　- 비가 오지 않는다면 숲속 식물들은 어떻게 될까요?
　　　　　　- 식물들이 목 마르지 않도록 우리가 물을 줄 수는 없을까요?
　　　　　　(식물들에게 물을 줄 수 있는 방법을 의논해보세요.)

2. **숲속 나무와 나무 사이에 줄을 연결해요.**
   - 나무의 껍질이 상하지 않도록 천으로 나무를 감싼 후 줄을 연결해주세요.
3. **물을 담은 비닐봉지를 매달아요.**
   - 투명한 비닐봉지에 물을 넣은 후 물이 흐르지 않도록 묶어주세요.
   - 물을 담은 비닐봉지를 줄에 매달고, 매직으로 꾸며 보세요.
   - 멋지고 예쁜 그림이나 나무에게 편지를 써도 좋아요.
   - 뾰족한 것으로 비닐봉지 아래쪽에 구멍을 내주세요.
   - 물이 뿜어져 나오면서 숲속의 땅이 촉촉하게 젖어 나무가 시원한 물을 먹을 수 있어요.

〈나무의 나이테〉

그루터기의 나이테를 관찰해보세요. 나무는 봄과 여름에는 잘 자라 나이테의 넓은 부분이 만들어지고, 가을, 겨울에는 조금 자라 나이테의 좁고 진한 부분이 만들어져요. 이렇게 해서 1년에 하나씩 나이테가 생겨, 나이테를 보면 나무의 나이를 알 수 있답니다.

여름 숲놀이

나무도 땀을 흘려요

무더운 여름 숲속에 들어가면 도시에 비해 시원함을 느낄 수 있어요.
나무들이 우리 눈에 보이지 않는 시원한 수증기를 내뿜기 때문이에요.

준비하기 투명 비닐봉지, 끈

활동하기
1. 숲속 그늘의 시원함을 느껴요.
   (숲속에 들어가기 전과 숲속에 들어왔을 때의 온도차이를 느끼고 이야기를 나누어요.)
   - 여름의 날씨는 어떤가요?
   - 숲속이 도심보다 시원한 이유는 무엇일까요?
   - 나무 그늘이 많고 나무들이 시원한 물을 내뿜기 때문이에요.

2. 나무가 내뿜는 물을 직접 확인해 보는 실험을 해요.
- 나무도 숨을 쉬며 우리 눈에는 보이지 않는 작은 물방울을 내뿜어요.
- 나무가 내뿜는 물을 볼 수 있을까요?
- 나뭇잎에 투명한 비닐봉지를 감싼 후 끈으로 묶어주세요.
- 나무가 아프지 않도록 끈을 느슨하게 묶어주세요.

3. 1~2시간 뒤 묶어놓은 비닐봉지를 관찰해요.
- 1~2시간 정도면 물방울이 생겨요.(비닐봉지를 긴 시간 묶어놓으면 나무가 괴로워해요.)
- 왜 비닐봉지 안에 물방울이 생겼을까요?
- 나무는 땅속에서 물을 빨아들인 다음 나뭇잎으로 내보내기 때문이에요. 이를 '증산작용'이라고 해요.

〈식물의 증산작용〉

나뭇잎 뒷면의 작은 구멍인 기공으로 물이 수증기가 되어 빠져나가는 것을 말해요. 식물은 이렇게 뿌리에서 흡수한 물을 몸 전체에 전달하고, 온도를 조절할 수 있어요. 날씨가 따뜻하고 맑을수록, 바람이 많이 불고, 햇빛이 강한 날 실험을 한다면 보다 활발한 증산작용을 관찰할 수 있어요.

서로 다른 빗방울 소리

빗방울이 많이 떨어지는 여름, 조용히 빗소리를 들어 본 적 있나요?
빗소리 놀이를 하여 빗방울의 서로 다른 소리를 느껴보세요.

준비하기 양철 양동이, 플라스틱 그릇, 다양한 재질의 그릇, 물뿌리개

활동하기
1. 빗소리에 대해 이야기를 나누어요.
    - 비가 오는 날 빗소리를 들어 본 적 있나요? 어떤 소리가 났나요?
    - 비가 내리는 모양, 양, 속도, 날씨에 따라 비의 종류와 소리가 조금씩 달라요.
    - 맑은 날 잠깐 내리는 여우비, 갑자기 쏟아지는 소나기 등 비의 종류는 다양해요.
2. 물뿌리개에 물을 담아 준비해요.

3. 준비해온 그릇을 차례로 늘어놓아요.
   (양철 양동이, 플라스틱 그릇 등 다양한 재질의 그릇을 준비해주세요.)

4. 빗소리를 만들어 들어보세요.
   - 물뿌리개를 이용하여 물을 천천히 뿌리며 함께 눈을 감고 들어보세요.
   - 물뿌리개의 높이를 다르게 해보세요. 어떤 차이가 있나요?
   - 그릇마다 조금씩 다른 소리가 나요.
   - 빗소리가 어떻게 다른지 이야기를 나누어보세요.

〈빗물 저금통〉

다양한 소리를 내며 내리는 소중한 빗물을 모아보세요. 재활용품 통으로 빗물 저금통을 만들어 빗물을 모은다면 빗물도 자원이 될 수 있어요. 빗물 저금통에 빗물을 모아 식물에 물을 주거나, 물놀이를 할 때 사용할 수 있어요.

여름 숲 놀이

수서곤충 물놀이

바스락바스락 소리가 나는 투명한 비닐은 우리를 재미있게 해줄 장난감이랍니다.
비닐을 이용하여 다양한 놀이를 해보세요.

준비하기 투명 비닐, 밧줄, 물, 그리기 도구, 나뭇가지

활동하기

1. **수서곤충에 대해 알아봐요.**
   - 수서곤충이란 물속에서 사는 곤충을 말해요. 주변에 연못이나 물이 있는 곳을 탐색해 보세요.
2. **커다란 비닐을 탐색해요.**
   - 비닐은 흔들어 보세요. 어떤 소리가 나나요?
   - 비닐을 안으로 들어가 볼까요? 무엇이 보이나요?

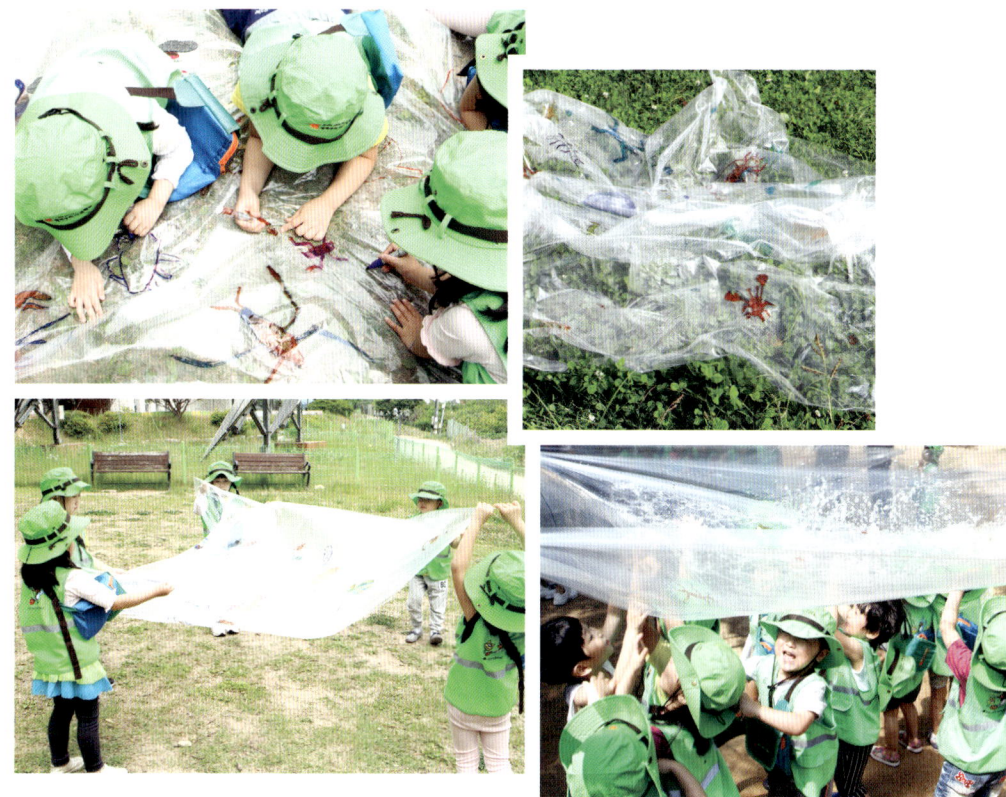

3. 비닐에 수서곤충을 그려요.
- 물에 사는 곤충은 누구일까요?
- 물방개, 물맴이, 소금쟁이, 잠자리 유충 등을 그려보세요.

4. 수서곤충이 그려진 비닐 양쪽 끝을 나무에 묶어 물놀이를 해요.
- 수서곤충들이 그려진 비닐 위에 물을 뿌려보세요.
- 물속에 들어간 수서곤충들이 어떻게 보이나요?
- 비닐 아래 들어가 비닐을 흔들어 보세요. 물이 어떻게 움직이나요?
- 뾰족한 이쑤시개나 나뭇가지를 이용하여 비닐을 찔러보세요.
- 물이 빗물처럼 떨어지나요? 물을 맞으며 수서곤충이 되어보세요.

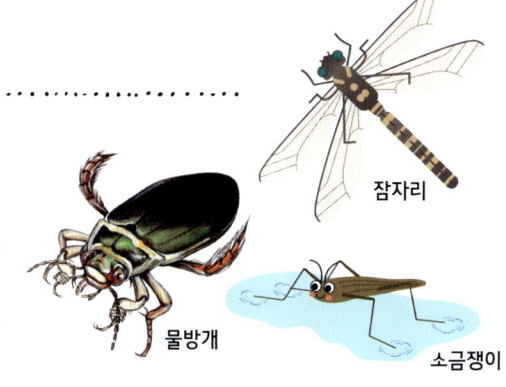

〈물에 사는 수서곤충〉

물속에는 물고기뿐만이 아니라 곤충들도 살고 있어요. 바다, 호수, 하천 등의 물이나 물 가까이 사는 곤충을 '수서곤충'이라고 해요. 수서곤충 중에는 평생을 물속에서 생활하는 종류도 있지만, 대부분은 알이나 유충, 번데기 및 성충의 일부분만을 물속에서 생활해요. 평생을 물에서 사는 곤충에는 물방개, 소금쟁이가 있고 일부만 물속에서 생활하는 곤충에는 하루살이나 잠자리가 있답니다.

진흙 놀이터

숲속에 비가 내리면 땅이 촉촉하게 젖어 미끄러운 진흙 바닥이 되어요.
미끄럽다고 피해만 갔던 진흙 바닥에서 신나게 놀아보는 건 어떨까요?

준비하기 장화, 우비, 찰흙, 여러 가지 소꿉놀이 도구

활동하기

1. **비가 그친 후 숲속을 산책해요.**
   - 장화와 우비를 착용하고 숲으로 가요.
     (비가 오기 전과 후의 숲속을 비교해보세요.)
   - 비를 맞은 풀, 꽃, 나뭇잎, 땅은 어떤 모습인가요?
     (바닥이 미끄러울 수 있으니 주의하세요.)

2. 아이들이 놀 진흙 바닥을 찾아요.
- 촉촉하게 젖은 땅바닥을 찾아요. 물이 고여 있어도 좋아요.
- 진흙이 많지 않다면, 찰흙에 물을 부어 진흙을 만들어보세요.
- 마땅한 진흙 바닥이 없다면 땅을 파고 물을 부어 진흙 놀이터를 만들어요.

3. 진흙 놀이터에서 놀이해요.
- 진흙을 손으로 만져보세요. 어떤 느낌인가요?
- 물이 고여 있는 물웅덩이를 걸어보세요.
- 진흙을 이용하여 멋진 성을 만들어보세요.
- 진흙과 주변의 자연물을 이용하여 소꿉놀이도 할 수 있답니다.
- 물이 친구에게 튀지 않도록 주의해요.

〈갯벌 발자국〉

미끌미끌 진흙이 마치 갯벌 같지 않나요? 갯벌에는 철새들도 날아와 갯벌에 발자국을 남겨요. 진흙 바닥에 발 도장을 찍어 갯벌 생물들처럼 발자국을 남겨볼까요? 누구의 발자국일까요? 친구들과 발자국 맞히기 게임도 해보세요.

SUMMER
여름 숲 놀이

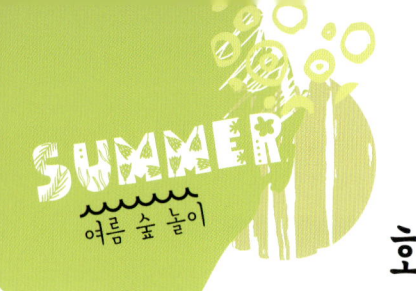

화석 발굴단 놀이

숲속에서 조개껍데기를 본 적 있나요? 바다가 아닌 숲에 조개껍데기가 있는 이유와 화석에 대해 알아보고, 화석 발굴단이 되어 화석을 찾아보세요.

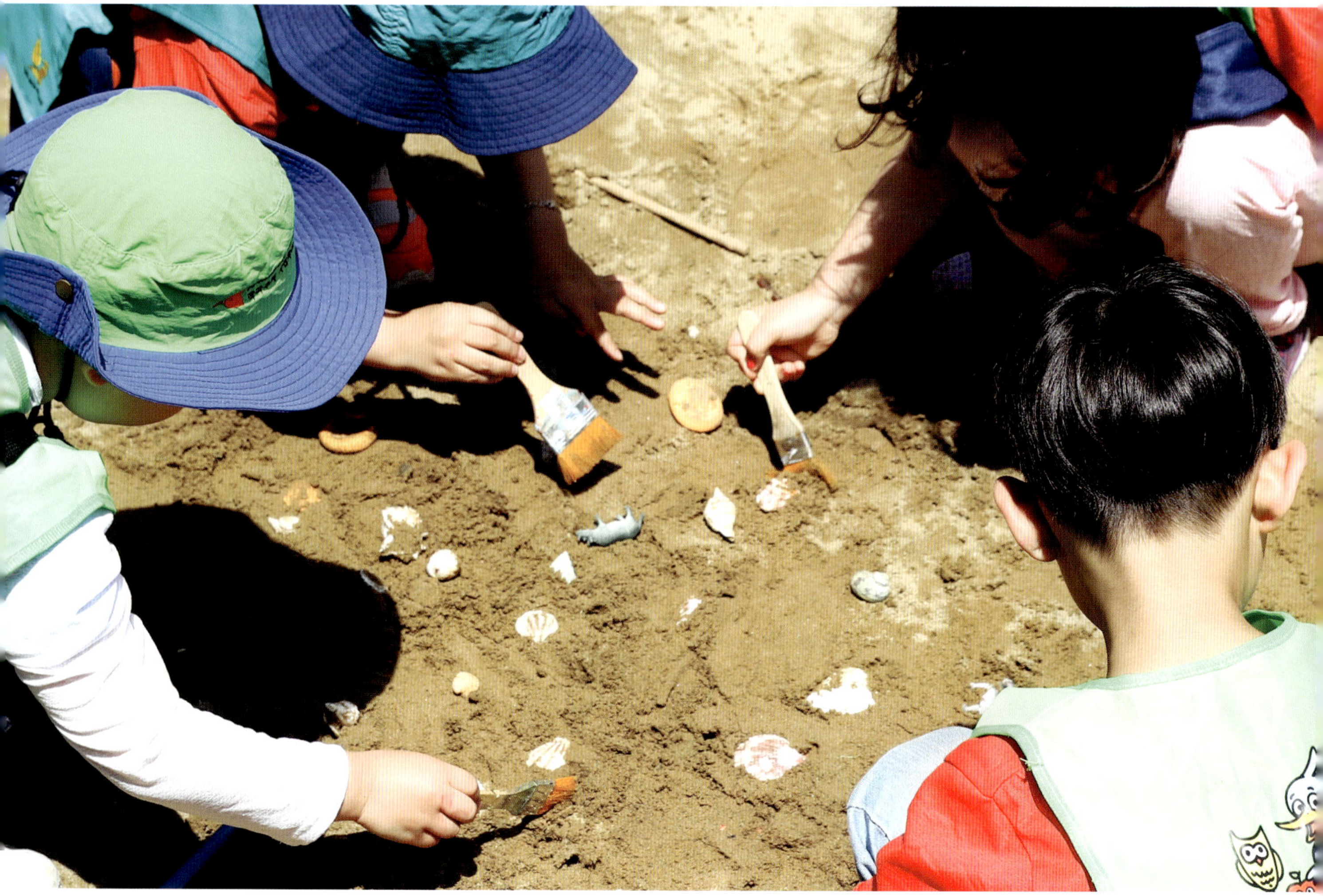

준비하기 조개껍질, 공룡 피규어 또는 장난감, 붓, 모종 삽

활동하기

1. 숲에 조개껍질이 있는 이유에 대해 알아보아요.

- 숲에서 조개껍질을 본 적 있나요?
- 바다나 갯벌이 아닌 숲에 왜 조개껍질이 있을까요?
  (숲에 조개껍질이 있는 이유를 쉽게 설명해주세요.)
- 조개껍질이 있는 숲은 아주 오랜 옛날, 바다였기 때문이에요.

2. 화석을 발굴하는 방법에 대해 알아보아요.
- 옛날에 살았던 생물의 흔적이 땅속에 남아있는 것을 화석이라고 불러요.
- 화석은 어떻게 찾을 수 있을까요?
- 화석은 오랜 시간 땅속에 있었기 때문에 흙을 살살 파헤쳐야 해요.

3. 숲속에서 조개화석, 공룡화석을 찾아보세요.
   (미리 준비한 조개껍질, 공룡 피규어 등을 일정 공간의 땅속에 숨겨 놓고 아이들이 찾아볼 수 있도록 해 주세요.)
- 모종삽과 붓을 이용하여 화석을 발굴해보세요.

〈조개화석 만들기〉

조개껍질과 찰흙을 이용하여 조개화석을 만들어보아요. 찰흙을 두툼하고 넓은 모양으로 편 후, 찰흙 위에 조개껍질을 찍어 모양을 내거나 찍은 채로 올려 그늘진 곳에서 말려주세요. 딱딱하게 굳은 화석을 관찰하며 물, 바람 등이 주는 변화에 대해 알아보세요.

여름숲놀이

모래로 만든 컵 케이크

모래는 어떤 모양이든 쉽게 만들어 낼 수 있는 장난감이에요. 모래로 여러 가지 모양을 찍어보고, 모래와 주변 자연물을 이용하여 모래 케이크도 만들어보세요.

준비하기 여러 모양의 찍기 도구, 모종삽, 물 등

활동하기

1. **모래를 탐색해요.**
   - 모래를 만져보세요. 흙과 어떻게 다른가요?
   - 모래가 잘 뭉쳐지나요? 모래가 잘 뭉쳐지려면 물이 필요해요.
   - 모래에 물을 부어 잘 섞어주세요.
     (비가 온 다음 날 놀이하면 모래가 잘 뭉쳐지기 때문에 활동하기 좋아요.)

2. 모래로 여러 가지 모양을 만들어요.
- 모양 틀에 모래를 넣어 꾹꾹 눌러주세요.
- 꾹꾹 눌러 담은 모양 틀을 뒤집어보세요. 틀의 모양대로 모래가 나왔나요?

3. 모래 케이크를 만들어요.
- 주변에서 돌, 나뭇잎, 꽃잎, 나뭇가지 등 자연물을 수집해요.
- 바닥에 넓은 나뭇잎을 깔고 모래를 찍어 내요.
- 모양 틀로 찍어낸 모래 위에 다양한 자연물을 이용하여 케이크를 장식해보세요.

notes:

〈모래로 만든 화분〉

모양틀과 모래를 이용한 재밌는 모양 찍기 놀이! 모양틀대로 쏙~ 쉽게 모양이 만들어지는 놀이만으로도 재미있지만, 여기에 자연물을 더하면 더욱더 멋진 작품을 만들 수 있어요. 꽃 한 송이를 꽂았을 뿐인데 멋진 모래 화분이 되었어요. 모래로 만든 화분들로 숲속에 작은 화원을 만들어볼까요?

여름 숲 놀이

거미줄 놀이

숲속의 거미가 되어 밧줄이나 실을 이용하여 친구들과 함께 거미줄을 쳐보고 완성된 거미줄 안에서 신나게 놀아보세요.

준비하기 테이프, 밧줄, 털실, 방울 등

활동하기

1. 밧줄이나 테이프로 거미줄을 쳐요.
   - 숲속의 나무들에 밧줄이나 테이프를 지그재그로 교차해 가며 거미줄을 쳐주세요.
   - 거미줄이 너무 높지 않도록 아이들 무릎 높이에 맞추어 설치해주세요.
2. 거미 친구와 곤충 친구 역할과 약속을 정해 거미줄 놀이를 해요.
   - 거미 친구는 거미가 되어 거미줄에 걸린 곤충 친구를 잡아요.

- 다만 거미 친구는 거미줄에 닿은 곤충 친구만 잡을 수 있어요.
- 거미 친구는 거미줄에 닿아도 상관없어요.
- 곤충 친구는 거미줄에 닿지 않고 거미를 피해 도망 다녀야 해요.
  (거미줄에 닿으면 소리가 나도록 방울을 달아주면 좋아요.)
  (놀이 규칙과 약속은 상황에 맞게 변경해주세요.)

3. 다양한 거미줄 놀이를 해요.
- 테이프를 이용하여 거미줄을 치고, 낙엽이나 솔방울을 거미줄에 던져 걸어보세요.
- 튼튼한 밧줄이나 로프로 만든 거미줄은 아이들이 올라가 자유롭게 놀 수도 있답니다.

⟨우리만의 옷 & 가방걸이⟩

숲활동을 할 때는 두 손이 자유로워야겠죠? 끈이나 밧줄, 나뭇가지만 있다면 어디서든 가방이나 옷을 걸 수 있는 걸이를 만들 수 있답니다.
① 밧줄을 빨랫줄처럼 나무와 나무 사이에 매달아주세요.
② 나무와 나무 사이에 묶은 밧줄에 끈이나 실을 매달아주세요.
③ 굵고 아이들 손바닥만 한 나뭇가지를 찾아 매달은 끈 끝에 묶어주면 완성!

여름 숲 놀이

꼬불꼬불 협력 밧줄 놀이

짧은 밧줄 여러 개를 친구들과 협력하여 기~다란 밧줄로 만들어볼까요? 꼬불꼬불 내 맘대로 밧줄을 놓아보고 친구가 놓은 밧줄을 이어보며 밧줄놀이를 해보세요.

준비하기 유아 수만큼 밧줄, 돌

활동하기

1. **밧줄 놀이를 할 넓은 공터를 찾아요.**
   (활동 인원에 맞춰 적당한 장소를 찾아 활동해주세요.)
   - 밧줄 놀이는 인원이 많을수록 재미있답니다.
2. **밧줄 놀이를 해요.**
   - 밧줄을 내려놓는 순서를 정해요.

- 밧줄을 이용하여 내가 만들고 싶은 모양으로 밧줄을 바닥에 내려놓아요.
- 다음 차례의 친구는 앞 친구가 놓은 밧줄 끝부분에 맞춰 자유롭게 밧줄을 이어요.
- 친구와 내 밧줄이 만나는 곳에는 돌멩이를 올려 고정해요.
- 같은 방법으로 차례차례 밧줄을 이어 연결해주세요.
- 완성된 밧줄의 모양을 관찰해요. 어떤 모양이 완성되었나요?

3. **완성된 밧줄을 따라 걸어보세요.**
   - 힘을 합쳐 연결한 밧줄의 모양대로 따라 걸어보세요.
   - 걸어가다 돌이 나오면 점프! 하여 뛰어 넘어보세요.
   - 꼬불꼬불한 길, 직선인 길을 따라 균형을 잡으며 걸어보세요.
   - 이번엔 밧줄을 밟지 않고 이리저리 뛰어다녀볼까요?

〈밧줄은 요술쟁이〉

정해진 모양이나 모습이 없는 밧줄은 아이들의 상상력과 수 조작 능력을 길러주는 좋은 교구랍니다. 밧줄로 다양한 모양을 만들어보고 매듭을 지어보면서 자유롭게 활동해 보세요.

가을의 꽉 찬 열매를 얻으러 숲속 동물들이 하나둘 모이기 시작해요.

땅에 떨어진 쭉정이와 단풍잎은 모두가 하나가 된 듯 알록달록 카펫을 만들어요.

숲을 오랜 시간 지키며 쌓은 경험과 지혜, 그리고 추억을 가진 나무는

여러 가지 모습으로 우리에게 이야기해 주어요.

바스락~ 낙엽을 밟는 소리가 들리는 숲속 이야기가 궁금하다면,

가을 숲으로 놀러 오세요.

나무의 껍질은 서로 달라요

나무의 가장 바깥 부분인 껍질은 나무를 건강하고 튼튼하게 보호하는 역할을 해요. 그런데 나무의 종류마다 껍질도 달라요. 기름을 칠한 듯 반질반질한 껍질도 있고, 자꾸 벗겨지는 껍질도 있어요. 이렇게 다양한 특징을 가진 나무껍질에 대해 알아보아요.

껍질이 벗겨지는 나무

▲ 복자기나무와 수피　　▲ 산수유나무와 수피

가로무늬가 있는 나무

▲ 벚나무와 수피　　▲ 느티나무와 수피

매끈한 나무

▲ 단풍나무와 수피

나무의 껍질은 무엇으로 이루어졌을까요?

나무의 가장 바깥쪽 몸의 일부는 폭신폭신한 코르크 성분으로 이루어져 있어요. 그래서 껍질이 조금 상한다고 나무에 큰 해를 미치지는 않아요. 아주 먹을 것이 없었던 옛날, 배가 고팠던 사람들은 소나무의 껍질을 벗겨 먹기도 했답니다. 풀뿌리와 나무껍질을 먹어야만 할 정도로 아주 먹을 게 없던 때를 일컬어 〈초근목피〉를 먹고 살았다고 해요. 굴참나무 등은 특히 코르크 성분이 많아, 굴피집 지붕과 여러 가지 용품을 만드는 재료로 사용하였답니다.

울긋불긋 예쁜 단풍도 가지가지

가을 하면 무엇이 떠오르나요? 바로 단풍이에요. 단풍은 마치 가을을 알리는 색의 잔치 같아요. 날씨가 점점 추워지면 나무는 이제 그만 활동하고, 좀 쉬고 싶어 한답니다. 나뭇잎 속에서 열심히 활동했던 초록색 엽록소가 사라지고, 숨어 있던 빨갛고 노란 색으로 잎이 변하는 것도 이 때문이에요.

단풍나무

단풍나무의 잎은 손바닥처럼 생겨 쉽게 알아 볼 수 있어요. 손가락이 세 개인 중국단풍도 있고, 9~11개나 되는 당단풍나무도 있어요. 또 잎이 공작의 깃털 같은 공작단풍도 있고, 잎 하나에 여러 개의 작은 잎이 있는 네군도단풍도 있어요. 이들 단풍나무의 특징은 이름에도 단풍이란 말이 있지만, 모두 씨앗에 날개를 달고 있다는 점이에요. 이름에 '단풍'이란 말이 없어도, 단풍나무 못지않게 멋진 단풍을 자랑하는 나무도 있어요. 칠엽수, 붉나무, 벚나무, 신나무, 은행나무, 백합나무 등 모두가 멋진 단풍을 자랑한답니다.

단풍나무의 씨앗은 날개가 달려 바람을 타고 멀리멀리 새로운 곳까지 날아가 싹을 틔워요. 단풍나무의 종류에 따라서 날개의 크기와 각도가 조금씩 다른 특징이 있어요.

붉나무 / 당단풍 / 중국단풍 / 칠엽수

색도 모양도 여러 가지

가을이면 더 멋진 색을 자랑하는 단풍잎은 종류가 다양해요. 일교차가 많이 나고 맑은 가을일수록 단풍의 색이 뚜렷하고 예쁘게 변한답니다. 화려한 색으로 물드는 단풍에 대해 알아볼까요?

나는 황금빛
은행나무 단풍

창처럼 생긴
신나무

모두가 알고 있는
단풍나무

봄철 벚꽃놀이의
벚나무 단풍

튤립꽃을 닮아 튤립나무로도 불리는
백합나무 단풍

나는 미국에서 건너 온
네군도단풍

가로수로 많이 심은 서양버즘나무
플라타너스

다람쥐와 청설모

가을 숲을 걷다 보면 종종 만나는 예쁜 친구들. 어? 그런데 너 다람쥐니, 청설모니? 얼핏 보면 비슷하지만 자세히 보면 다른 점이 한두 가지가 아니랍니다. 전체 모양은 비슷하지만, 색도 다르고, 털도 다르고, 좋아하는 먹이도 달라요. 다람쥐와 청설모의 특징을 비교해 보세요.

나는 다람쥐!

- 갈색털이 빛나고 등에 줄무늬가 있어요.
- 나무를 잘 타지만 주로 땅 위에서 생활해요.
- 꼬리가 청설모보다 짧고 빽빽하게 털이 나 있어요.
- 먹이를 운반하기 쉽게 볼주머니가 발달되어 있어요.
- 가을 내 모은 먹이를 저장하고 바위, 그루터기 밑에 굴, 나무 구멍 사이에서 겨울잠을 자요.

- 줄무늬가 없으며 길고 털이 풍성한 꼬리를 자랑해요.
- 나무 위로 올라가 나뭇가지 위에서 생활해요.
- 겨울에는 귀에 길고 많은 털이 자라나요.
- 겨울에는 여름보다 길고 많은 털이 자라 춥지 않아요.
- 겨울잠을 자지 않고 먹이를 찾아다녀요.

좋아하는 먹이는 무엇일까요?

- 다람쥐는 도토리, 밤, 땅콩 등의 열매, 잣나무, 옥수수, 호박 등을 먹어요.
- 청설모는 밤, 땅콩, 도토리 등의 열매, 호두나 잣, 과일, 버섯, 곤충 등을 먹어요.

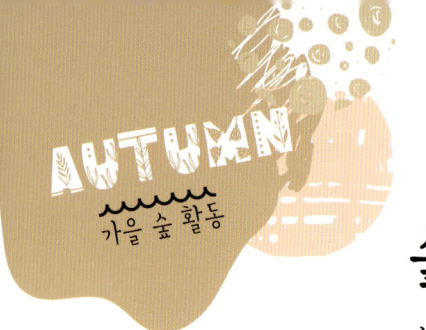

AUTUMN
가을 숲 활동

숲속 찍기

나무의 옷, 껍질은 나무를 추위와 해충으로부터 보호해주는 역할을 해요.
나무들은 각자 다른 무늬의 껍질 옷을 입고 있어요.

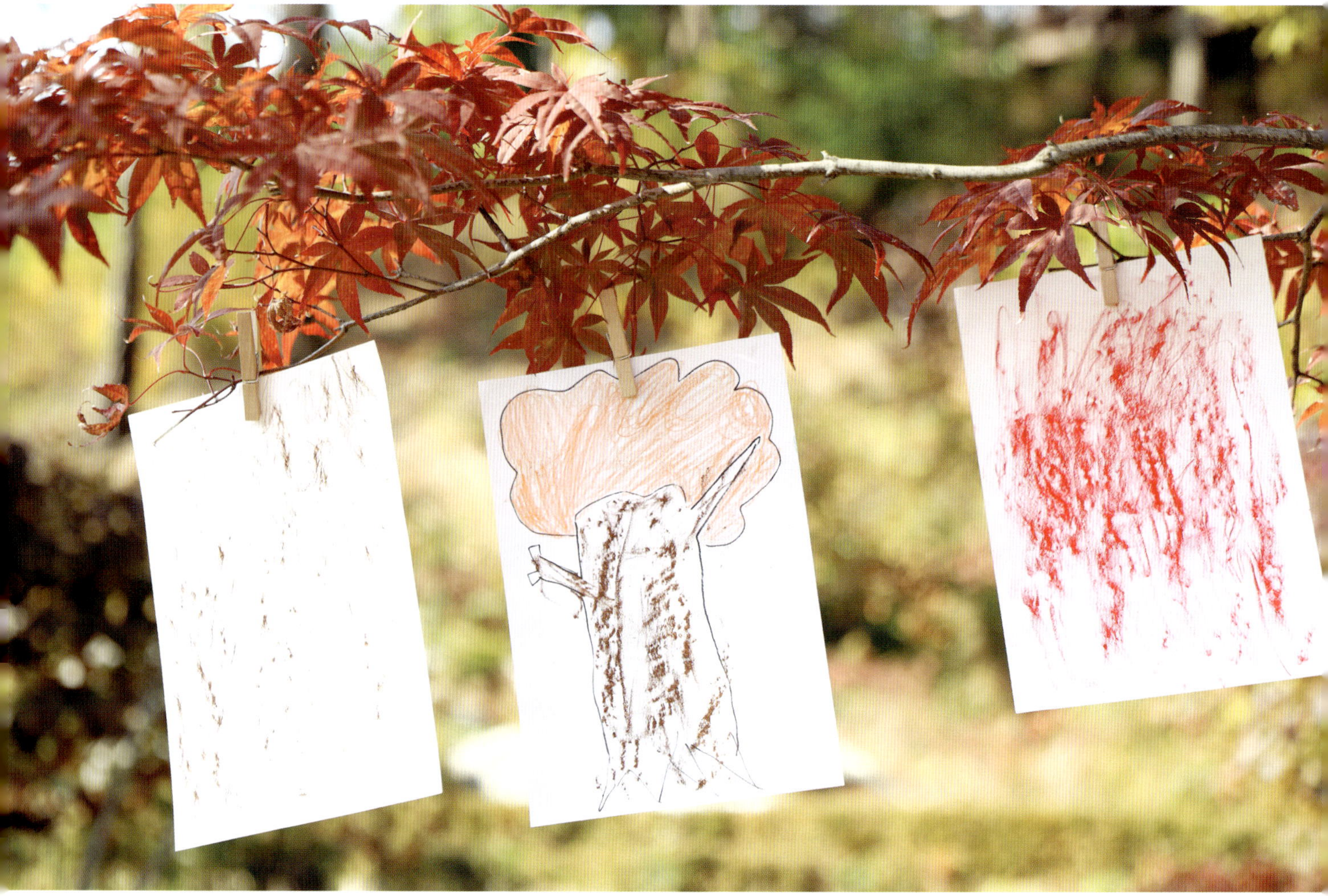

준비하기 도화지, 색연필, 크레파스, 물감, 스펀지 등

활동하기

1. 나무마다 껍질의 모양이 다른 것을 눈으로 확인해 보고, 만져보세요.

- 나무의 껍질은 어떻게 생겼나요?
- 나무의 껍질을 손으로 만지면 어떤 느낌일까요? 눈을 감고 만져 보세요.
- 냄새도 맡아보세요. 나무 특유의 향기가 나는 것을 느껴보세요. 소나무와 같은 침엽수는 더 강한 향기가 난답니다.

2. 나무의 껍질 무늬를 도화지에 찍어요.
- 나무의 껍질 위에 도화지를 대고 스펀지에 물감을 묻혀 톡톡 두드려보세요.
- 도화지 위를 스펀지로 두드리면 나무의 껍질 무늬가 나타납니다.
- 나무의 껍질 위에 도화지를 대고 색연필이나 크레파스로 살살 문질러보세요. 어떤 무늬가 나타났나요?
- 도화지에 찍힌 무늬와 나무의 껍질 무늬를 비교해보세요.
- 도화지 아래쪽에 어떤 나무의 무늬인지, 나무의 이름을 적어주세요.

3. 나무마다 다른 무늬들을 모아 비교해요.
- 내가 찍은 나무껍질 무늬와 친구들이 찍은 무늬를 비교해보세요.
- 무늬를 보고 어떤 나무의 무늬인지 알아 맞혀보세요.

〈나무껍질의 비밀〉

나무의 껍질은 나무 종류에 따라 모양과 구조가 다양해요. 그 이유는 나무마다 고유 특성과 생존 방법이 다르기 때문이에요. 나무껍질은 수분증발을 막고, 해충이나 천적, 자연재해로부터 자신을 보호하는 역할을 해요.

AUTUMN
가을 숲 활동

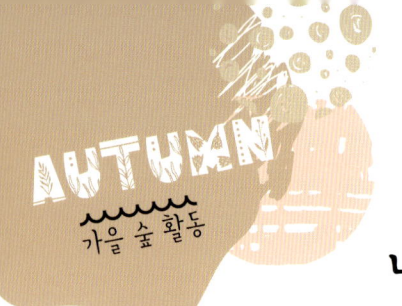

나뭇가지 모빌

솔방울이 달랑달랑, 나뭇가지가 달랑달랑, 숲속의 나뭇가지와 자연물로
나뭇가지 모빌을 만들어보세요. 많은 준비물 없이도 멋진 모빌을 만들 수 있어요.

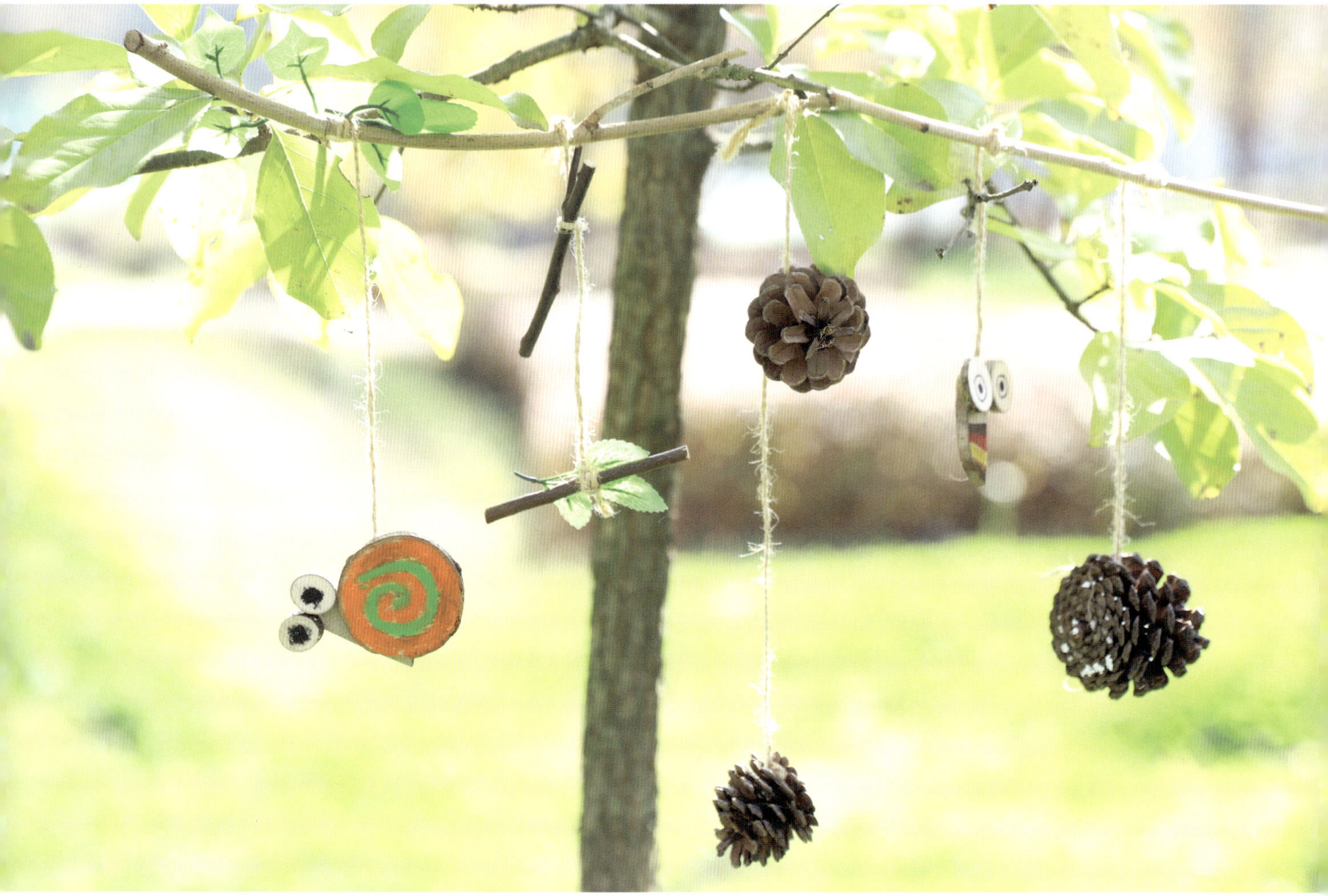

준비하기 지끈, 나뭇가지, 솔방울 등

활동하기

1. 튼튼한 나뭇가지와 솔방울 찾아요.
- 30~40cm 정도의 튼튼한 나뭇가지를 찾아주세요.
- 모빌에 달고싶은 자연물을 찾아보세요.
- 솔방울, 나뭇가지, 도토리 등 무엇이든 상관없어요.
- 바닥에 떨어진 자연물을 사용해주세요.

2. **모빌에 매달 자연물은 끈으로 묶어요.**
    - 모빌에 어떤 것들을 걸고 싶나요?
    - 솔방울, 나뭇가지 등 다양한 자연물을 묶어주세요.
    - 비즈, 피규어로 모빌을 꾸며도 좋아요.
3. **자연물을 묶은 끈을 튼튼한 나뭇가지에 묶어주세요.**
    - 다양한 자연물들이 매달린 모빌을 관찰해보세요.
    - 어떤 것들이 달려있나요?
4. **완성된 나뭇가지 모빌을 숲속이나 집에 전시해보세요.**

〈나뭇가지 균형 잡기〉

나뭇가지를 이용하여 균형 잡기 놀이를 할 수 있어요. 한 손으로 나뭇가지를 잡고 그 위에 다른 나뭇가지를 가로로 올려 'T' 모양을 만들어 나뭇가지가 떨어지지 않도록 균형을 잡아보세요. 흔들흔들 누가 나뭇가지를 떨어뜨리지 않고 오래 버티나 시합해 보세요.

잎줄기로 만드는 별 모양

가을이 되어 물든 단풍이 바닥으로 떨어지는 무렵, 떨어진 낙엽의 줄기를 모아 작고 귀여운 별모양을 만들어 볼까요?

 양버즘나무잎, 참나무잎, 종이철사나 빵끈, 끈, 나뭇가지 등

활동하기

1. **가을 숲을 산책하며 바닥에 떨어진 낙엽을 주워요.**
   - 줄기가 길고 튼튼한 양버즘나무잎이나 참나무잎을 사용하는 것이 좋아요.
   - 양버즘나무 열매는 방울처럼 생겨 쥐방울 나무라고도 불러요.
2. **양버즘나무의 낙엽을 모아요.**
   - 커다란 잎을 가진 양버즘나무의 낙엽에는 긴 나뭇잎 줄기가 달려있어요.

- 비슷한 길이의 나뭇잎 줄기를 모아 가위로 잘라 주세요.
- 커다란 낙엽일수록 나뭇잎 줄기가 길며, 바짝 마른 나뭇잎 줄기를 사용하면 더욱 좋아요.

3. 나뭇잎 줄기를 이용하여 별 모양을 만들어요.
- 비슷한 길이의 나뭇잎 줄기 10개를 준비해요.
- 한 선에 2개의 나뭇잎 줄기를 겹쳐 별모양을 만들어주세요.
- 나뭇잎 줄기가 서로 만나는 끝부분을 종이철사나 빵끈으로 고정시켜주세요.
- 나뭇잎 줄기가 한 번은 위로 한 번은 아래로 향할 수 있도록 교차해야 튼튼한 별이 된답니다.
- 완성된 별 모양 잎줄기에 다른 자연물을 함께 묶어주면 좋아요.
- 별 모양 이외에 다른 모양들도 자유롭게 만들어 보세요.

〈고마운 양버즘나무〉

우리나라 도로의 양버즘나무는 넓고 커다란 나뭇잎이 특징이에요. 여름에 시원한 그늘을 만들어주고 소음도 줄여준답니다. 미세먼지를 흡수하여 대기오염까지 줄여주는 고마운 나무랍니다.

가을 열매의 변신

가을 숲은 나무들의 열매가 탐스럽게 익어가는 계절! 숲속에서 볼 수 있는 열매는 어떤 것들이 있을까요? 다양한 가을 열매들을 멋진 모습으로 변신시켜주세요.

준비하기 도토리, 밤, 네임펜, 이쑤시개, 나뭇가지, 목공풀 등

활동하기
1. 가을철 열매를 찾아보아요.
   - 가을은 열매가 주렁주렁 열리는 계절이에요.
   - 숲속에서 볼 수 있는 가을 열매는 어떤 것들이 있을까요?
   - 숲 주변에서 밤, 도토리 등 바닥에 떨어진 가을 열매를 찾아 모아보세요.
   - 어떤 열매들을 찾았나요?

2. 수집한 가을 열매를 관찰해요.
   - 어떤 냄새가 나나요? 어떤 모양인가요?
   - 크기는 어떤가요? 채집한 열매를 관찰해보세요.

3. 가을 열매로 멋진 작품을 만들어요.
   - 가을 열매로 귀여운 인형을 만들어 볼까요?
   - 목공풀로 가을 열매를 서로 연결해보세요.
   - 가을 열매로 만든 인형의 손과 다리는 이쑤시개나 나뭇가지를 끼워 표현할 수 있어요.
     (구멍을 뚫을 때는 위험할 수 있으니 성인의 도움이 필요합니다.)
   - 내가 만든 가을 열매 인형에 얼굴을 그려 멋진 인형을 만들어보세요.

4. 내가 만든 작품을 소개해요.
   - 어떤 열매를 사용하였나요?
   - 어떤 작품을 만들었나요?
   - 가을 열매 인형을 친구들에게 소개해보세요.

 notes:

〈밤 깍정이 숟가락〉

가을을 대표하는 열매 밤! 밤송이를 까보면 알이 꽉 찬 알밤과 함께 들어있는 밤 깍정이가 있어요. 밤 깍정이는 먹을 수 없지만 귀여운 숟가락을 만들 수 있어요. 밤 깍정이 윗부분을 손톱으로 살짝 뜯어 구멍을 만들고, 구멍에 들어갈 만한 크기에 나뭇가지를 찾아 끼우면~ 쨘! 귀여운 밤 깍정이 숟가락 완성!

단풍잎 손가락 인형

AUTUMN 가을 숲 활동

가을 숲속을 빨강, 노랑, 갈색 물감으로 물들이는 단풍잎! 알록달록한 단풍잎으로 귀여운 손가락 인형을 만들어보세요.

준비하기 단풍잎, 휴지심, 접착본드, 미술도구 등

활동하기

1. **가을 숲에 대해 이야기를 나누어요.**
   - 가을철 숲속 나무들의 나뭇잎 색은 무슨 색인가요?
   - 여름과 비교했을 때 어떻게 다른가요? 나뭇잎의 색깔이 왜 변했을까요?
   - 날씨가 점점 추워지면서 나뭇잎을 초록색으로 물들였던 엽록소가 사라지면서 초록색에 가려 보이지 않던 색이 나타나기 때문이에요. 이러한 현상을 '단풍'이라고 해요.

2. 단풍잎 손가락 인형을 만들 자연물을 채집해요.
- 숲속 바닥에 떨어진 단풍잎들을 찾아보세요.
- 어떤 색상의 단풍잎을 찾았나요?
- 서로 다른 모양과 종류의 단풍잎을 찾아보세요.
- 단풍잎 손가락 인형을 만들 나뭇가지, 돌 등도 함께 채집해주세요.

3. 단풍잎 손가락 인형을 만들어요.
- 휴지심에 나뭇잎을 붙여 인형의 머리를 만들어요.
- 나뭇잎 얼굴에 자연물을 이용하여 눈, 코, 입을 붙이거나 그림을 그려 꾸며주세요.
- 휴지심에 나뭇가지로 팔을 만들어 붙이고 옷을 멋지게 꾸며주세요.
- 완성된 인형을 손가락에 끼워보세요.
- 손가락을 끄덕끄덕 움직이며 인형극을 해보세요.

4. 내가 만든 작품을 소개해요.
- 내가 만든 단풍잎 인형을 친구들에게 소개해보세요.
- 어떤 단풍잎을 사용하여 만들었나요?
- 내가 만든 단풍잎 인형의 이름을 지어주세요.

〈단풍이 드는 이유〉

나뭇잎은 초록색으로 보이지만 여러 가지 색소가 들어있어요. 단풍이 드는 것은 봄과 여름에 초록색으로 보이게 하는 엽록소가 점점 사라지기 때문이랍니다. 가을이 되면 나무는 영양분이 몸에서 빠져나가는 것을 막기 위해 나뭇잎을 떨어뜨려야 해요. 그 때문에 영양분을 공급받지 못한 나뭇잎은 엽록소가 사라지고 숨어 있던 노랑이나 빨강 같은 다른 색이 드러나는 것을 단풍이라고 해요.

AUTUMN
가을 숲 활동

숲속 요정

숲속에 알록달록한 옷을 입은 요정 친구가 나타났어요. 노랑, 주황, 빨강 낙엽 옷을 입고 숲속을 지키는 숲속 요정을 만들어요.

준비하기
나무막대나 나뭇가지, 네임펜, 낙엽, 미술도구 등

활동하기
1. **나무막대나 나뭇가지를 찾아요.**
   - 굵은 나뭇가지는 낙엽이 부서질 수 있으니 얇은 나뭇가지를 이용해요.
2. **친구와 가위 바위 보 놀이를 하며 바닥에 떨어진 낙엽을 나뭇가지에 끼워요.**
   - 가위 바위 보에서 이길 때마다 낙엽을 한 장씩 나뭇가지에 끼워주세요.
   - 차곡차곡 알록달록한 낙엽을 나뭇가지에 가득 끼워보세요.

3. 낙엽을 가득 끼운 나뭇가지에 요정 얼굴을 달아요.
   - 종이와 미술도구로 나만의 숲속 요정 얼굴을 만들어보세요.
   - 종이에 그림을 그린 후 오려 붙여도 좋고, 스티로폼으로 꾸며도 좋아요.
   - 내가 만든 숲속 요정 얼굴을 나뭇가지에 달아 낙엽 옷을 입은 숲속 요정을 만들어보세요.
4. 완성된 숲속 요정을 전시해요.
   - 알록달록 낙엽 옷을 입은 요정으로 숲을 꾸며보세요.

notes:

〈바스락 바스락 잘 부서지는 낙엽〉

너무 바짝 마른 낙엽은 수분이 모두 날아가 쉽게 부서져, 나뭇가지에 끼우기가 힘들답니다. 수분이 완전히 날아가지 않은 낙엽을 사용해보세요. 바짝 마른 낙엽으로는 발로 쾅쾅! 손으로 바스락! 바스락! 부셔보고~ 휙! 휙! 던지는 낙엽 눈싸움 놀이를 해보세요.

AUTUMN 가을 숲 활동

가을 리스

가을이 왔음을 알리는 단풍잎과 가을 열매로 리스를 만들어 멋진 가을 분위기를 내보세요.

준비하기 종이 접시, 종이, 끈, 목공 풀, 단풍잎, 가을 열매 등

활동하기

1. **가을철 숲에서 볼 수 있는 자연물을 알아보아요.**
   - 가을은 식물의 열매가 주렁주렁 열리는 계절이랍니다.
   - 밤, 도토리, 솔방울 등을 쉽게 찾을 수 있어요.
   - 단풍의 색깔은 어떤가요?
   - 알록달록 물든 단풍잎이 가을이 왔음을 알려주어요.

2. **단풍잎과 가을열매를 수집해요.**
   - 숲을 산책하며 바닥에 떨어진 단풍잎과 가을 열매를 찾아보세요.
3. **가을 리스를 만들어요.**
   - 종이접시나 종이를 원형모양으로 오려주세요.
   - 오린 종이 윗부분에 구멍을 뚫어 끈을 끼워 고리를 만들어주세요.
   - 목공 풀로 종이 위에 단풍잎과 가을 열매를 붙여 리스를 꾸며주세요.
4. **완성된 가을 리스를 전시해보세요.**

〈가을 단풍 만다라〉

가을을 알록달록 물들인 단풍으로 만다라 모양을 만들어볼까요? 만다라란 마음의 평화를 상징하는 둥근 원 모양을 말해요. 바닥이나 종이 위에 둥근 원을 그린 다음, 떨어진 낙엽을 모아 둥근 원 안에 올려 멋진 만다라를 표현해보세요. 좌우가 서로 같은 모양이나 색이 되도록 표현하면서 대칭에 대해 알 수도 있답니다.

누름 단풍잎 캔들

가을 단풍잎은 다양한 색깔과 모양을 가지고 있어요.
아름다운 가을 단풍잎을 납작하게 눌러붙여 누름 단풍잎 캔들을 만들어볼까요?

준비하기 초, 한지, 물풀, 단풍잎, 두꺼운 책 등

활동하기
1. **단풍잎 캔들을 만들 단풍잎을 찾아요.**
   - 알록달록한 단풍잎을 채집해요.
   - 단풍잎을 두꺼운 책 사이에 끼워 하루 정도 눌러주세요.
   - 다리미로 다림질을 해주면 더욱더 납작해진답니다.
   - 두꺼운 책으로 누른 단풍잎이 어떻게 변했나요?

2. 누름 단풍잎 캔들을 만들어요.
  - 누름 단풍잎을 캔들에 붙인 후 한지로 감싸 물풀을 발라주세요.
  - 한지가 완전히 젖을 정도로 물풀을 흠뻑 발라야 자연물이 한지에 잘 비쳐요.
  - 투명한 한지에 담긴 단풍잎들이 잘 보이나요?

3. 완성된 누름 단풍잎 캔들을 집에서 반짝반짝 켜보세요.
  - 한지 속 알록달록한 단풍잎이 빛에 반사되어 우아하고 아름다운 분위기를 만들어요.

〈단풍잎 책갈피〉

예쁜 색상과 모양을 가진 단풍잎을 가을뿐 아니라 일 년 내내 볼 수 없을까요? 단풍잎을 코팅해 만든 나만의 책갈피. 빨간 단풍잎이나 노란 은행잎을 주워 책에 끼워 눌러준 후 코팅을 해주세요. 그림을 그려 꾸며주거나 사진을 넣어 함께 코팅하면 더욱 예쁜 책갈피가 완성이되어요.

가을 숲 활동

나뭇잎 화석

옛날에 남겨진 '화석'으로 공룡의 존재와 그 모습, 성격까지 알 수 있어요.
우리도 간직하고 싶은 자연물을 화석으로 만들어 흔적을 오랜 시간 남겨볼까요?

준비하기 찰흙, 여러 가지 자연물, 물감

활동하기

1. **사라진 생물들에 대해 이야기를 나누어요.**
   - 숲속에 어떤 것들이 보이나요? 옛날에도 지금과 같은 나무, 꽃, 동물이 살았을까요?
   - 옛날에는 살았는데 지금은 없는 생물은 무엇이 있을까요?
   - 우리는 옛날에 살았던 생물들을 어떻게 알 수 있을까요?
   - 화석을 통해 과거에 살았던 다양한 생물의 모습을 알 수 있어요.

2. 화석에 대해 알아보아요.
   - 사진이나 TV, 박물관에서 화석을 본 적 있나요?
   - 화석은 무엇이고, 어떻게 만들어지는 걸까요?
   - 화석은 아주 옛날에 죽은 생물의 흔적이 지층(땅) 속에 그대로 남은 것을 말해요.
3. 화석을 만들어요.
   - 숲에서 마음에 드는 나뭇잎(자연물) 한 가지를 선택해요.
   - 찰흙을 평평하게 만들어 그 위에 나뭇잎(자연물)을 올려 놓고 살살 눌러 주세요.
   - 나뭇잎(자연물)을 떼어내고 나뭇잎(자연물)이 찍힌 모양을 관찰해보세요.
   - 나뭇잎(자연물)이 찍힌 모양이 더 잘 보이도록 물감을 칠해보세요.
   - 화석이 잘 마를 수 있도록 그늘진 곳에서 말려주세요.
4. 내가 만든 나뭇잎(자연물) 화석이 미래에 발견될 수 있도록 땅에 묻어보세요.

〈나뭇잎 화석 목걸이〉

내가 직접 만든 나뭇잎 화석에 구멍을 뚫고 끈만 연결하면 멋진 목걸이가 완성돼요. 너무 큰 나뭇잎 화석은 무거울 수 있으니 작은 나뭇잎 화석을 만들어 목걸이로 만들어보세요.

AUTUMN
가을 숲 활동

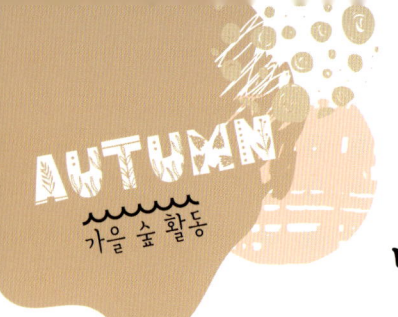

낙엽 꽃

화려한 색의 꽃처럼 아름다운 색을 가진 단풍. 단풍잎을 가지고 꽃다발을 만들어 소중한 사람에게 선물해보세요.

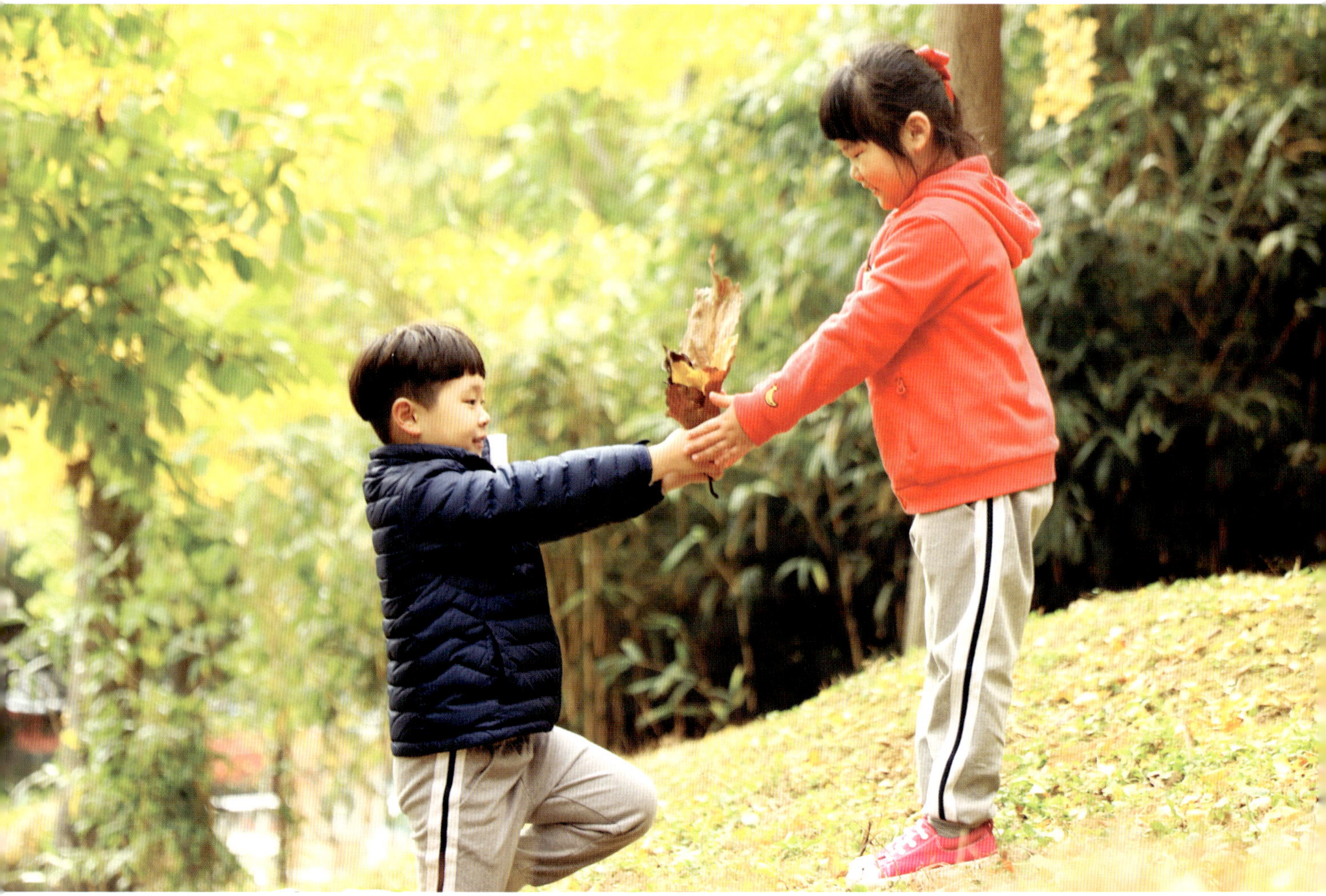

준비하기 단풍잎, 양버즘나무 낙엽, 테이프, 지끈 등

활동하기

1. 바닥에 떨어진 낙엽을 수집해요.

- 단풍잎이나 양버즘나무 낙엽을 수집해요.
- 다양한 크기와 색상의 나뭇잎을 모아요.
- 바짝 마른 나뭇잎보다는 수분이 완전히 날아가지 않은 나뭇잎을 사용하는 것이 좋아요.
- 수분이 모두 날아간 나뭇잎은 잘 부서지기 때문에 낙엽 꽃을 만들기 어려워요.

2. 낙엽 꽃을 만들어요.
① 낙엽을 뒤로 반을 접어 돌돌 말아주세요.
② 돌돌 말은 낙엽이 풀리지 않도록 테이프나 지끈으로 감싸주세요.
③ 완성된 ②번 위에 반복해서 다른 낙엽을 겹쳐 말아주세요.
④ 어느 정도 꽃 모양이 갖춰지면 지끈으로 꽃 밑 부분을 묶어 완성!
- 여러 꽃송이를 만들어 묶어 커다란 낙엽에 감싸면 꽃다발이 된답니다.
- 꽃송이를 만들기 어렵다면 커다란 낙엽을 여러 장 모아 지끈으로만 묶어줘도 멋진 낙엽 부케가 된답니다.

3. 낙엽 꽃을 전달해요.
- 친구에게 하고 싶은 말을 함께 내가 만든 꽃다발을 친구에게 전달해보세요.
- 친구에 받은 꽃을 예쁜 병에 담아 간직해보세요.
- 낙엽 꽃은 물 없이도 오래오래 보관할 수 있답니다.

〈낙엽 비행기〉

떨어지는 낙엽들을 다시 하늘 위로 날려볼까요? 커다란 낙엽으로 비행기를 접어 하늘로 슝~ 날려보세요. 낙엽이 너무 가벼워 종이비행기처럼 잘 날지 않는다고요? 그렇다면 낙엽 비행기 앞부분에 클립을 끼워보세요. 슈웅~ 가을 하늘을 휘젓고 다니는 멋진 낙엽 비행기가 된답니다.

낙엽으로 채워요

가을 숲, 나무에서 떨어지는 다양한 색깔의 단풍으로 그림을 색칠해 볼까요?
커다란 종이나 비닐에 그림을 그리고 힘을 모아 낙엽으로 채워보세요.

준비하기 투명 비닐이나 전지, 양면테이프

활동하기
1. 그림을 그려요.
   - 커다란 비닐이나 종이 위에 그림을 그려요.
   (아이들이 힘을 합쳐 그림을 그릴 수 있도록 지도해주세요.)
2. 그림 위에 양면테이프를 붙여요.
   - 밑그림 위에 양면테이프를 꼼꼼히 붙여주세요.

3. 바닥에 떨어진 낙엽을 수집해요.
  - 그림의 크기에 따라 많은 양의 낙엽이 필요합니다.
  - 다양한 크기와 종류, 색깔의 낙엽을 수집해주세요.

4. 그림이 그려진 비닐이나 종이를 낙엽으로 채워요.
  - 그림 위 양면테이프에 낙엽을 하나씩 붙여 그림을 채워보세요.
    (빈 공간이 없도록 꼼꼼히 낙엽을 채울 수 있게 도와주세요.)
  - 낙엽뿐만 아니라 주변의 다양한 자연물을 함께 붙여 꾸며도 좋아요.
  - 완성된 그림을 숲속에 전시해 보세요.

〈낙엽이 떨어지는 창문〉

우리 교실 창문에서도 낙엽이 떨어지도록 꾸며볼까요? 접착제나 테이프가 아닌 랩으로 간단히 창문에 낙엽을 붙였다 뗄 수 있답니다. 분무기로 창문에 물을 살짝 뿌린 다음 낙엽을 붙이고 그 위에 랩을 덮어 낙엽이 떨어지는 듯한 모습을 꾸며보세요.

AUTUMN 가을 숲 활동

자연물 수틀

가을 숲을 알록달록 물들이는 아름다운 풍경을 동그란 수틀 속에 담아 간직해 볼까요? 아름다운 가을 풍경을 수틀에 수놓아요.

준비하기 수틀, 수틀 천, 그리기 도구, 여러 가지 단풍잎과 꽃잎

활동하기
1. **수틀에 대해 알아보아요.**
   - 색색의 실을 천에 바느질해 그림을 만드는 것을 '수'라고 해요.
   - 수를 놓기 위해 필요한 것이 바로 '수틀'이에요.
     (수틀은 인터넷이나 뜨개질가게, 십자수 가게에서 쉽게 살 수 있어요.)
2. **수틀에 수놓을 자연물을 찾아요.**

- 수틀을 장식할 꽃과 잎 등의 자연물을 찾아보세요.

3. 수틀에 자연물을 수놓아요.
- 두 장의 수틀 천 사이에 자연물을 넣어 수틀에 고정시켜 주세요.
- 자연물을 수놓은 수틀에 멋진 그림을 그려 꾸며주세요.

4. 완성한 수틀을 감상해요.
- 완성된 수틀을 햇빛이 비치는 방향으로 들고 바라보세요. 어떻게 보이나요?
- 단풍잎과 나뭇잎 속 가느다란 실과 같은 잎맥이 보이나요?(잎맥은 잎과 줄기 사이에 물과 양분을 전달하는 통로예요.)
- 내가 만든 수틀을 창문이나, 방문에 걸어 전시해보세요.

〈자연물 마대발〉

수틀의 천을 도화지 삼아 가을의 숲을 표현해 보는 건 어떨까요? 하얀 천 위에 나무, 곤충 등을 자유롭게 그린 후, 주변의 자연물을 붙여 꾸며주세요. 천 위에 나뭇가지를 붙인 후 끈을 매달아 전시해 보세요.

AUTUMN
가을 숲 활동

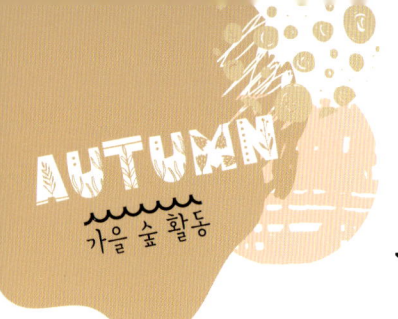

거미집을 만들어요

거미가 숲속 곳곳에 쳐 놓은 거미줄을 관찰하고 직접 거미가 되어 숲속에 거미줄을 쳐볼까요?

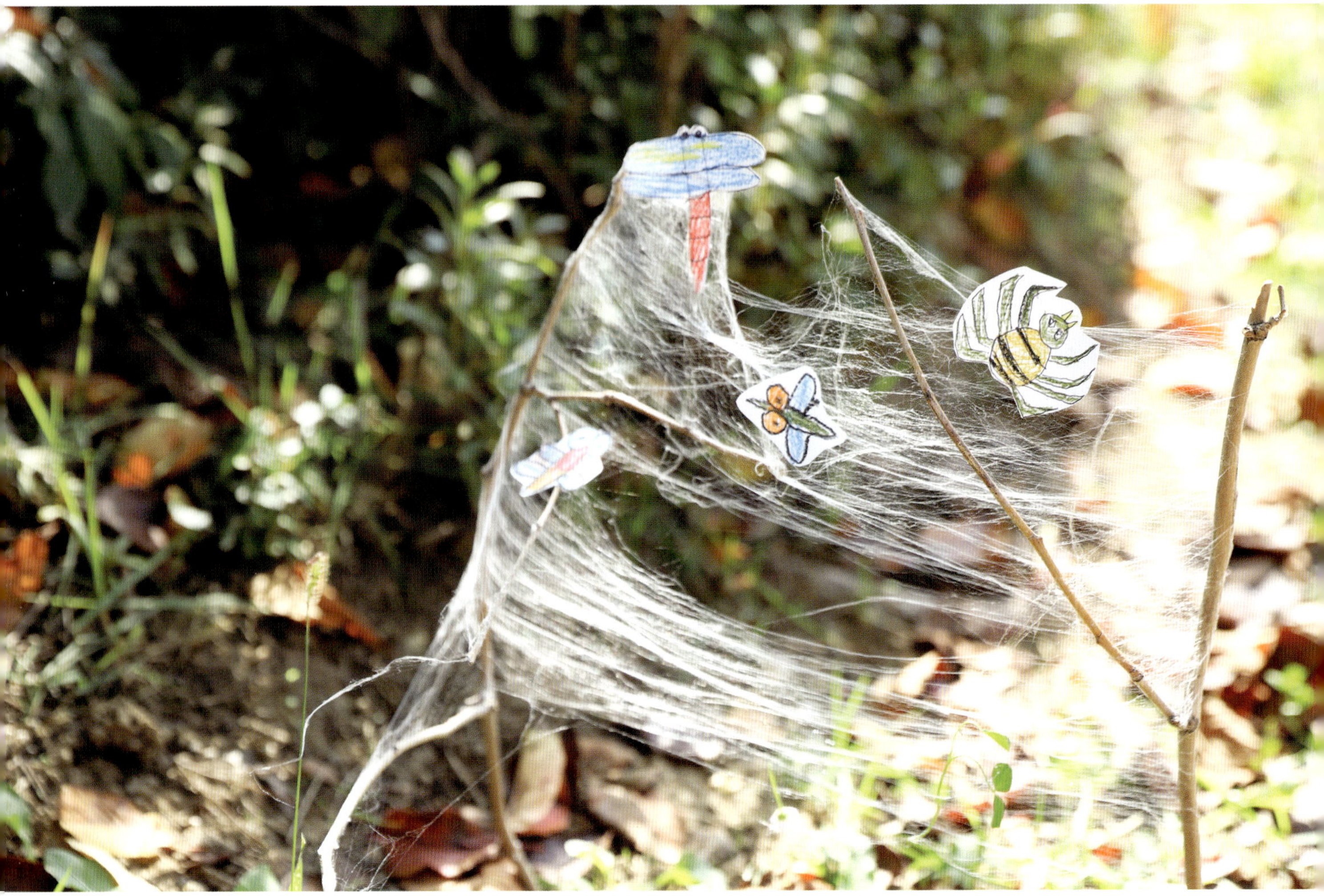

준비하기 물풀, 종이, 미술재료, 그리기 도구 등

활동하기

1. 거미와 거미줄을 관찰해요.

- 숲속에 쳐진 거미줄을 찾아보세요.
- 가을은 거미의 산란기로 활동이 활발해지는 계절이에요. 때문에 거미를 쉽게 찾아 볼 수 있어요.
- 거미는 8개의 다리를 가지고 있는 생물로 곤충이 아닌 절지동물에 속한답니다.
- 거미가 거미줄을 치는 이유는 집을 짓는 것이 아니라 먹이를 사냥하기 위해서예요.

2. 거미줄을 만들어요.
- 거미줄을 칠 나뭇가지를 찾아요.
- 적당량의 물풀을 양 손바닥에 발라주세요.
- 물풀을 너무 많이 바르면 거미줄이 잘 만들어지지 않아요.
- 물풀을 바른 두 손바닥을 반복적으로 박수를 치듯 붙였다 띄었다 하면 얇은 거미줄이 생겨요.
- 얇게 만들어진 거미줄을 반복하여 나뭇가지에 씌워 튼튼한 거미줄을 만들어주세요.

3. 거미줄을 꾸며요.
- 종이에 거미를 그려 오리거나 미술재료를 이용하여 거미를 만들어보세요.
- 완성된 거미를 물풀로 만든 거미줄 위에 살포시 올려 거미줄을 꾸며보세요.

⟨거미는 왜 거미줄에 걸리지 않을까요?⟩

거미줄은 세로 줄과 가로 줄로 구분되어 있어요. 세로 줄은 끈적거리지 않는 줄, 가로 줄은 끈적이는 줄로 거미는 세로 줄만 밟고 다니기 때문이랍니다. 또 거미의 발에는 기름이 있어 끈적이는 가로줄을 밟아도 쉽게 거미줄에 걸리지 않는답니다.

AUTUMN
가을 숲 놀이

자연물 피자

피자의 맛을 결정하는 것은 토핑, 다양한 맛과 색을 가진 피자 토핑처럼 숲속에서 다양한 색상의 자연물을 찾아 분류하고 관찰하는 자연물 피자 놀이를 해보세요.

준비하기 나뭇가지, 여러 가지 자연물, 밧줄

활동하기
1. 숲 곳곳에 있는 자연물을 찾아요.
   - 가을 숲은 다양한 꽃들과 열매를 볼 수 있어요.
   - 숲을 산책하며 다양한 자연물을 채집해요.
2. 비슷한 길이의 나뭇가지를 찾아 피자 모양을 만들어요.
   - 나뭇가지로 피자의 모양을 만들고 조각을 나누어보세요.

3. 피자 조각에 채집한 자연물을 분류해보세요.
 - 칸마다 서로 다른 종류나 색을 기준으로 나누어요.
 - 다양한 기준으로 자연물을 분류해보세요.

4. 내가 만든 피자의 이름을 지어보세요.
 - 내가 만든 피자의 이름은 무엇인가요?
 - 어떤 맛이 나는 피자인가요?
 - 친구들이 만든 다양한 피자를 감상해보세요.

5. 피자가게 역할놀이를 해요.
 - 피자를 사고파는 역할놀이를 해보세요.

notes:

〈알록달록 단풍잎 스펙트럼〉

친구들과 함께 알록달록한 단풍과 나뭇잎, 낙엽들로 예쁜 꽃을 만들어보세요.
① 바닥에 커다란 꽃 모양을 그리거나 밧줄로 꽃모양을 만들어요.
② 다양한 색상의 단풍잎과 나뭇잎을 찾아요.
③ 커다란 꽃잎마다 단풍잎과 나뭇잎으로 채워 알록달록 단풍잎 스펙트럼을 만들어보세요.

나뭇가지 빙고

빙고! 숲속에서 아이들의 빙고 소리가 울려 퍼집니다. 언제 어디서나 할 수 있는 빙고 놀이. 종이와 펜 없이 숲에서 하는 빙고 놀이는 더욱더 재미있어요.

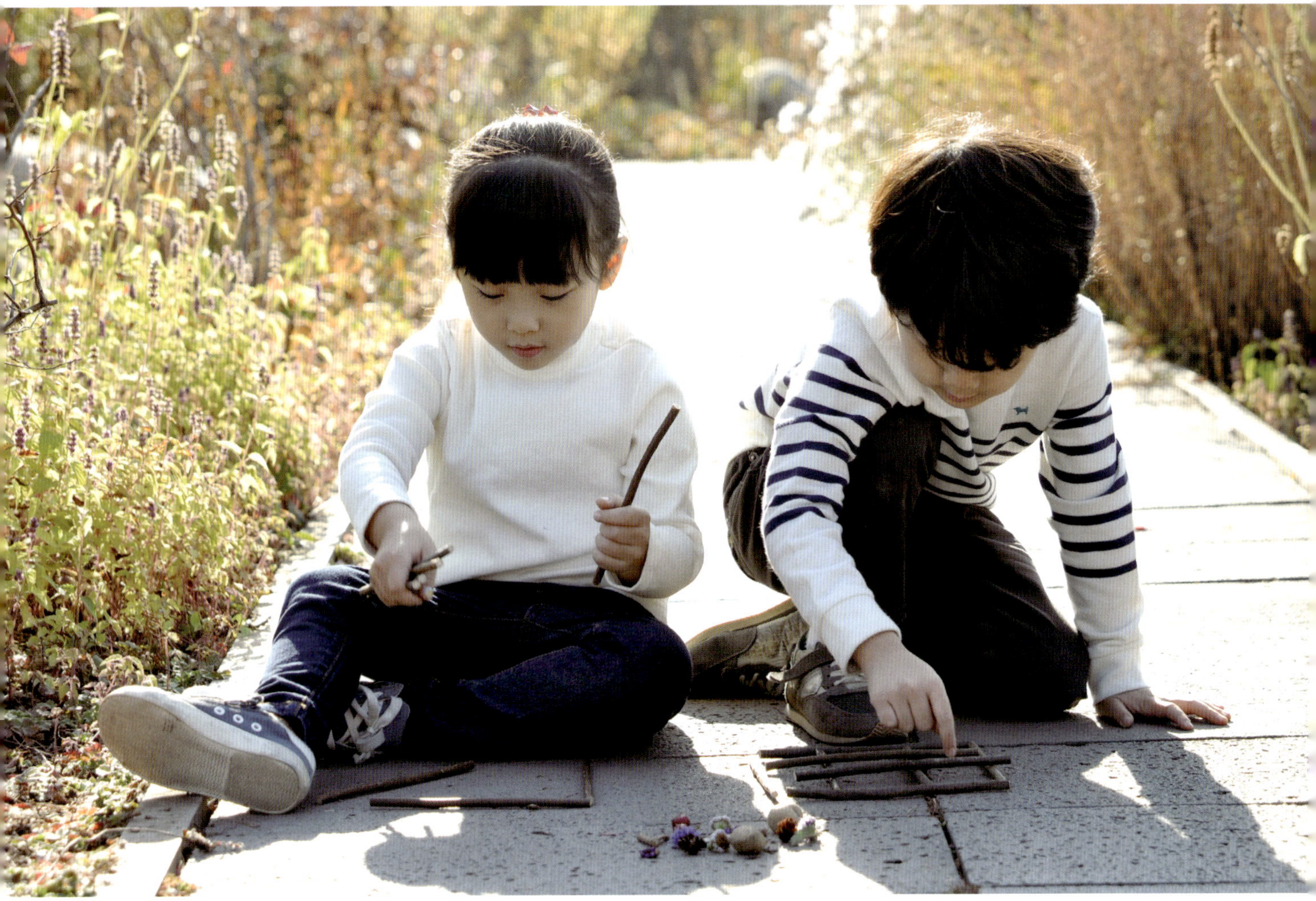

준비하기 빙고 판을 만들 나뭇가지, 여러 가지 자연물

활동하기
1. **친구와 서로 9칸의 빙고 판을 만들어요.**
   - 나뭇가지를 놓아 9칸의 빙고 판을 만들어요.
   - 땅바닥에 선을 그어서 9칸 빙고 판을 만들수 도 있어요.
2. **빙고 칸을 채울 자연물을 채집해요.**
   - 자신의 빙고 칸을 채울 9개의 자연물을 찾아요.(9칸 모두 다른 자연물을 놓아주세요.)

내가 만든 빙고판!

3. 자연물을 이용해 빙고 놀이를 해요.
- 9칸의 빙고 판에 서로 다른 자연물을 채워주세요.
- 순서를 정해 빙고 판 속 자연물의 이름과 특징을 말하며 하나씩 밖으로 꺼내요.
- 상대편도 같은 자연물이 있다면 밖으로 빼낼 수 있어요.
- 가로, 세로, 대각선으로 한 줄을 모두 비우면 빙고 하고 외쳐요.
- 9칸의 빙고 칸 속 자연물을 모두 먼저 다 비운 사람이 이겨요.

〈나뭇가지 탑쌓기〉

숲속에 많고 많은 자연물 중 다양한 길이의 나뭇가지는 다양한 놀이를 할 수 있는 자연물 중 하나랍니다. 나뭇가지를 차곡차곡 쌓아 누가 더 높게 탑을 쌓는지 시합해 보고, 나뭇가지 탑이 쓰러지지 않게 나뭇가지를 조심조심 하나씩 빼는 젠가 놀이를 해보세요.

솔방울 장난감

솔방울로는 못 만드는 게 없는 건가요? 재미있는 장난감도 만들 수 있다고요!
재미가 한가득 솔방울 장난감을 만들어보세요.

준비하기 솔방울, 종이컵, 나뭇가지, 실, 고무줄, 테이프 등

활동하기
1. **솔방울 장난감을 만들 적당한 크기의 솔방울을 찾아요.**
   - 숲속에 떨어진 솔방울 대부분은 다람쥐나 청솔모가 먹어 온전한 상태가 아니에요. 인근 아파트 단지나 공원에 떨어진 솔방울을 이용하면 좋아요.
2. **'솔방울 요요'를 만들어요.**
   - 연령에 따라 고무줄 3~4개를 연결해주세요.

- 서로 연결한 고무줄에 솔방울을 끼워 고정시켜주세요.
- 솔방울을 끼운 반대편 고무줄에 손가락을 끼워 요요놀이를 해보세요.

3. '솔방울 컵 앤 볼'을 만들어요.
   - 솔방울에 적당한 길이의 실을 묶고, 반대편 실은 종이컵 하단에 고정해주세요.
   - 실을 고정한 종이컵에 대칭이 되도록 종이컵 하나를 더 붙여주세요.
   - 두 개의 종이컵이 떨어지지 않도록 맞닿는 부분을 테이프로 고정해주세요.
   - 솔방울을 흔들어 종이컵 안으로 쏙 들어가도록 해보세요.
   - 종이컵을 하나만 이용하거나 나뭇가지에 종이컵을 붙이거나, 다양한 방법으로 만들어 볼 수도 있답니다.

〈솔방울과 잣방울〉

솔방울과 비슷하게 생긴 잣 방울에 대해 알아볼까요? 솔방울은 동그란 모양이지만 잣 방울은 길쭉한 모양을 가지고 있어요. 또 솔방울 안에는 소나무의 작은 씨앗이, 잣 방울 안에는 잣이 들어있답니다. 솔방울과 잣 방울을 찾아 비교해보세요.

AUTUMN
가을 숲 놀이

도토리 팽이

숲속의 작은 보물 도토리. 데굴데굴 잘 구르는 도토리를 빙글빙글 도는 팽이로 변신시켜 볼까요? 도토리와 도토리 깍정이를 이용하여 팽이를 만들어보세요.

준비하기 도토리, 도토리 깍정이, 이쑤시개, 송곳, 클레이나 찰흙

활동하기
1. 숲속 곳곳에 떨어진 도토리와 도토리 깍정이를 찾아보세요.
   - 다양한 모양, 크기의 도토리를 채집해요.
   - 도토리는 숲속 동물들의 소중한 먹이이기 때문에 활동 후 다시 제자리로 돌려주세요.
2. 도토리로 팽이를 만들어요.
   - 도토리에 이쑤시개를 꽂아 팽이를 만들 수 있어요.

  (도토리는 매우 단단하기 때문에 성인의 도움이 필요해요.)
  - 다양한 종류의 도토리를 찾아 나만의 도토리 팽이를 만들어 친구들과 팽이놀이를 해보세요.

3. 도토리 깍정이 팽이를 만들어요.
  - 모자처럼 생긴 도토리 깍정이 가운데에 구멍을 뚫어 주세요.
  (도토리 깍정이도 단단하기 때문에 성인의 도움이 필요해요.)
  - 도토리 깍정이에 이쑤시개를 꽂아 팽이를 만들어요.
  - 도토리 깍정이에 클레이나 찰흙을 넣어 무게감을 주면 더 잘 돌아가요.

〈도토리의 종류〉

우리가 흔히 알고 있는 도토리나무라는 이름의 나무는 없어요. 도토리가 자라는 나무의 이름은 굴참나무, 떡갈나무, 신갈나무, 갈참나무, 졸참나무, 상수리나무 등으로 나무마다 열리는 도토리의 생김새가 조금씩 달라요.

굴참나무 도토리   떡갈나무 도토리   상수리나무 도토리

도토리 손가락 모자

아이들은 도토리를 발견하고 줍는 것만으로도 기뻐합니다.
도토리의 밑을 감싸고 있는 도토리 깍정이의 모습은 마치 모자 같기도 해요.

준비하기 도토리 깍정이, 네임펜, 클레이 등

활동하기

1. **도토리가 열리는 나무를 찾아요.**
   - 도토리가 열린 나무를 관찰해보세요.
   - 나뭇잎은 어떤 모양인가요? 도토리는 어떻게 생겼나요?
   - 도토리나무의 종류에 따라 도토리의 종류가 다양하답니다.
     (도토리의 생김새와 나뭇잎을 관찰하며 도토리나무의 종류에 대해 알아보세요.)

2. 도토리 깍정이를 채집해요.
- 동글동글한 도토리를 받치고 있는 도토리 깍정이와 도토리를 분리해 주세요.
- 도토리는 숲속 동물들이 먹을 수 있도록 자연으로 돌려보내고 도토리 깍정이는 따로 모아주세요.
- 도토리 깍정이도 도토리의 종류에 따라 생김새가 다양해요.

3. 도토리깍정이를 손가락에 씌워 도토리 요정을 만들어요.
- 손가락에 도토리깍정이 모자를 씌워주세요.
- 손가락에 도토리 요정의 눈, 코, 입을 그려주세요.
- 엄지손가락부터 새끼손가락까지 귀여운 도토리 요정을 만들어보세요.

4. 클레이로 도토리 인형을 만들어요.
- 도토리 깍정이에 클레이를 넣어 귀여운 인형도 만들 수 있어요.
- 클레이로 얼굴을 만들고 도토리 모자를 씌워주세요.
- 도토리로 만든 인형과 손가락 도토리 요정으로 인형극을 해보세요.

〈도토리 액세서리〉
① 도토리 깍정이 아랫부분을 송곳으로 구멍을 뚫어 주세요.
② 구멍에 끈을 넣어 고리를 만들어주세요.
  (끈 길이에 따라 목걸이, 열쇠고리가 되어요.)
③ 구슬이나 뿅뿅이를 넣어 도토리 깍정이에 넣어 접착제로 고정해 주면 도토리 액세서리 완성!

AUTUMN
가을 숲 놀이

나는야 숲속 꼬마 요리사!

숲속의 요리사가 되어 맛있는 요리를 만들어볼까요? 돌멩이로 끓이는 돌멩이 수프, 꽃잎으로 만드는 향기로운 수프 등 나만의 레시피로 요리 실력을 뽐내보세요.

준비하기 냄비, 국자, 물, 흙, 다양한 자연물, 물감 등

활동하기

1. **활동 전 약속과 규칙을 정해요.**
   - 숲속의 꼬마 요리사가 되어볼까요?
   - 다만, 꼬마 요리사가 되려면 지켜야 할 약속이 있어요.
   - 숲속 꼬마 요리사가 만든 요리는 진짜 먹어서는 안 돼요.
   - 꽃잎과 나뭇잎은 바닥에 떨어진 것을 사용해요.

2. **내가 만들 요리 레시피에 들어갈 재료를 찾아요.**
    - 내가 만들고 싶은 요리에 들어갈 재료를 찾아보세요.
    - 돌, 나뭇잎, 꽃잎 등 어떤 것이든 좋아요.
    - 나만의 레시피대로 재료를 준비해요.
3. **맛있는 요리를 해요.**
    - 준비한 재료로 나만의 요리를 만들어보세요.
    - 물에 꽃과 나뭇잎을 넣어 휘휘~ 저어주면 향기로운 수프 완성!
    - 흙에 가을 열매와 풀잎을 뜯어 넣으면 맛있는 볶음밥 완성!
    - 물감을 넣어 더욱 맛있는 색을 낼 수도 있답니다.
    (자유롭게 자연물을 이용하여 소꿉놀이를 할 수 있도록 해주세요.)

〈자연물 촉감놀이〉

숲속 꼬마 마녀들이 만든 수프를 지퍼백에 담아 재미있는 촉감 놀이를 해보세요.
출렁출렁, 말랑말랑, 수프 속 재료마다 촉감을 느껴보세요.
* 지퍼백에 공기를 최대한 뺀 후 지퍼백을 닫아주세요.
* 지퍼백을 너무 세게 누르면 물이 흘러넘칠 수 있으니 조심하세요.

낙엽 폭죽 놀이

빨갛고 노란 단풍들이 펑펑! 터지는 폭죽을 만들어 신나는 폭죽놀이를 해보세요.
하늘 위로 높이 쏘아 올린 단풍들이 정말 폭죽처럼 보인답니다.

준비하기 낙엽(단풍잎), 종이컵, 풍선, 가위, 칼, 테이프, 그리기 도구

활동하기

1. **낙엽 폭죽을 만들어요.**
   - 종이컵의 밑면에 '+' 모양으로 칼 선을 낸 후, 양 옆으로 접어주세요.
     (칼을 사용할 때는 성인의 도움이 필요해요.)
   - 풍선 입구를 묶고 풍선 윗부분을 살짝 잘라주세요.
   - 종이컵 밑 부분에 풍선을 씌우고 테이프로 고정해주세요.

- 종이컵을 자유롭게 꾸며 장식해주면 낙엽 폭죽 완성!

2. 낙엽 폭죽을 하늘을 향해 터트려보세요.
- 주변에 낙엽들을 주워 작게 찢어 컵 속에 넣어주세요.
- 하늘을 향해 고무줄을 당겼다가 놓아주면 낙엽들이 하늘 위로 펑!
- 사람을 향해 쏘지 않도록 해주세요.

3. 친구들과 함께 폭죽놀이를 해보세요.
- 친구의 낙엽 폭죽들이 어떻게 떨어지는지 관찰해보세요.
- 어떻게 더 높이, 멀리 낙엽을 보낼 수 있을까요?
- 친구와 낙엽 폭죽을 누가 더 높이, 멀리 보내나 시합을 해보세요.

〈신나는 낙엽 놀이〉

마치 눈처럼 수북이 쌓인 낙엽으로 신나게 놀아볼까요? 낙엽을 한 움큼 쥐어 하늘 위로 던져보세요. 마치 눈이 내리듯 낙엽이 사르륵~ 이번엔 낙엽을 이불 삼아 누워보세요. 푹신푹신한 느낌이 드나요? 낙엽이 따뜻한 이불이 될 수도 있어요. 낙엽이 숲에 쌓여가는 가을, 아이들과 낙엽을 가지고 신나는 놀아 보는 건 어떨까요?

도꼬마리 다트놀이

가을이 되면 식물들은 자신의 씨앗을 저마다 독특한 방법으로 멀리멀리 퍼트리기 시작한답니다. 그중 도꼬마리는 어떤 방법으로 씨앗을 퍼트리는지 알아볼까요?

준비하기 도꼬마리, 과녁판(펠트지나 융 재질) 등

활동하기

1. **식물들의 씨 퍼트리는 방법에 관해 이야기를 나누어요.**
   - 엄마 식물은 씨가 영글면 씨를 멀리 떠나보내요. 왜 멀리 보낼까요?
   - 씨가 자신의 근처에 떨어져 자라면 물과 양분을 차지하기 위해 싸워야 하기 때문이에요.
   - 씨는 여러 가지 방법으로 엄마 식물에서 떠나가요. 바람과 흐르는 물을 타고, 동물의 털에 달라붙어서, 또 새의 뱃속을 지나서 배설물과 함께 멀리 퍼진답니다.

2. 동물의 털에 붙어 여행을 떠나는 도꼬마리를 탐색해보세요.
- 도꼬마리는 열매에 갈고리 모양의 가시와 짧은 털이 있는 국화과의 식물로 열매 안에는 도꼬마리 씨앗이 들어있어요.
- 도꼬마리 열매는 갈고리 모양의 가시 때문에 동물의 털이나 사람들 옷에 한 번 붙으면 잘 떨어지지 않아요.
- 자신의 옷 위에 도꼬마리를 붙여보세요. 잘 붙나요?
- 도꼬마리 열매를 만져보세요. 어떤 느낌인가요?

3. 도꼬마리 열매 던지기 놀이를 해보아요.
- 도꼬마리가 달라붙는 재질의 과녁판을 준비해요.
- 도꼬마리는 융, 펠트지 천 등에 잘 붙어요.
- 3~4명이 한 팀이 되어, 도꼬마리를 과녁판에 던져 보세요.
- 목표 지점에 더 많은 도꼬마리를 붙인 팀이 이기는 게임을 해보세요.

〈도꼬마리를 이용한 발명품〉

도꼬마리 열매에 있는 갈고리 모양의 가시에서 아이디어를 얻어 단추나 끈보다 더 쉽게 붙였다 떼었다 할 수 있는 '벨크로' 흔히 말하는 '찍찍이'를 발명했어요. 우리는 덕분에 운동화, 장갑, 가방 등 여러 물건을 여닫을 때 편리하게 사용하고 있답니다.

흙 케이크 만들기

흙으로 노는 일은 아이들의 큰 즐거움이에요. 흙 놀이는 스트레스 해소와 대소근육 발달은 물론 창의력도 높여주는 놀이랍니다.

준비하기 흙, 채반, 모종삽, 여러 가지 자연물, 컵, 그릇 등

활동하기

1. **흙에 관심을 가지고 탐색해 보세요.**
   - 흙을 만져보세요.
   - 흙은 어떤 느낌인가요?
   - 흙의 냄새를 맡아보세요.
   - 흙은 무슨 색인가요? 흙은 여러 종류가 있고 종류에 따라 모두 색이 달라요.

2. **흙 케이크를 만들어요.**
   - 숲속의 흙을 모종삽을 이용하여 모아보세요.
   - 모은 흙을 채반에 걸러 컵이나 그릇에 담아주세요.
   - 컵이나 그릇에 흙을 꾹꾹 눌러 담은 후 뒤집어서 천천히 빼주세요. 흙 케이크가 나왔나요?
   - 주변의 자연물을 이용하여 흙 케이크를 장식해보세요.
   - 흙은 모양이 정해져 있지 않기 때문에 케이크, 쿠키, 빵 등을 만들 수 있어요.
3. **친구들과 소꿉놀이를 해보세요.**
   - 케이크, 쿠키, 빵 등을 만들어 소꿉놀이를 해보세요.
   - 케이크에 나뭇가지 초를 꽂아 생일파티를 해보세요.

〈맛있는 흙 케이크 만들기〉

흙과 자연물을 이용하여 흙 케이크를 만들어보았다면 이번엔 맛있는 흙 케이크를 만들어볼까요? 시리얼, 과자, 빵, 젤리, 사탕 등으로 다양한 흙의 색깔과 지층, 땅속 지렁이를 표현하여 친구들과 함께 맛있게 먹어보세요.

뱀의 눈으로 숲을 바라봐요

360°로 눈이 돌아가고 시야가 넓은 뱀은 천적인 새를 경계하기 위해 하늘만 보고 다닌답니다. 뱀의 눈으로 보는 숲은 어떤 모습일까요?

가을 숲 놀이

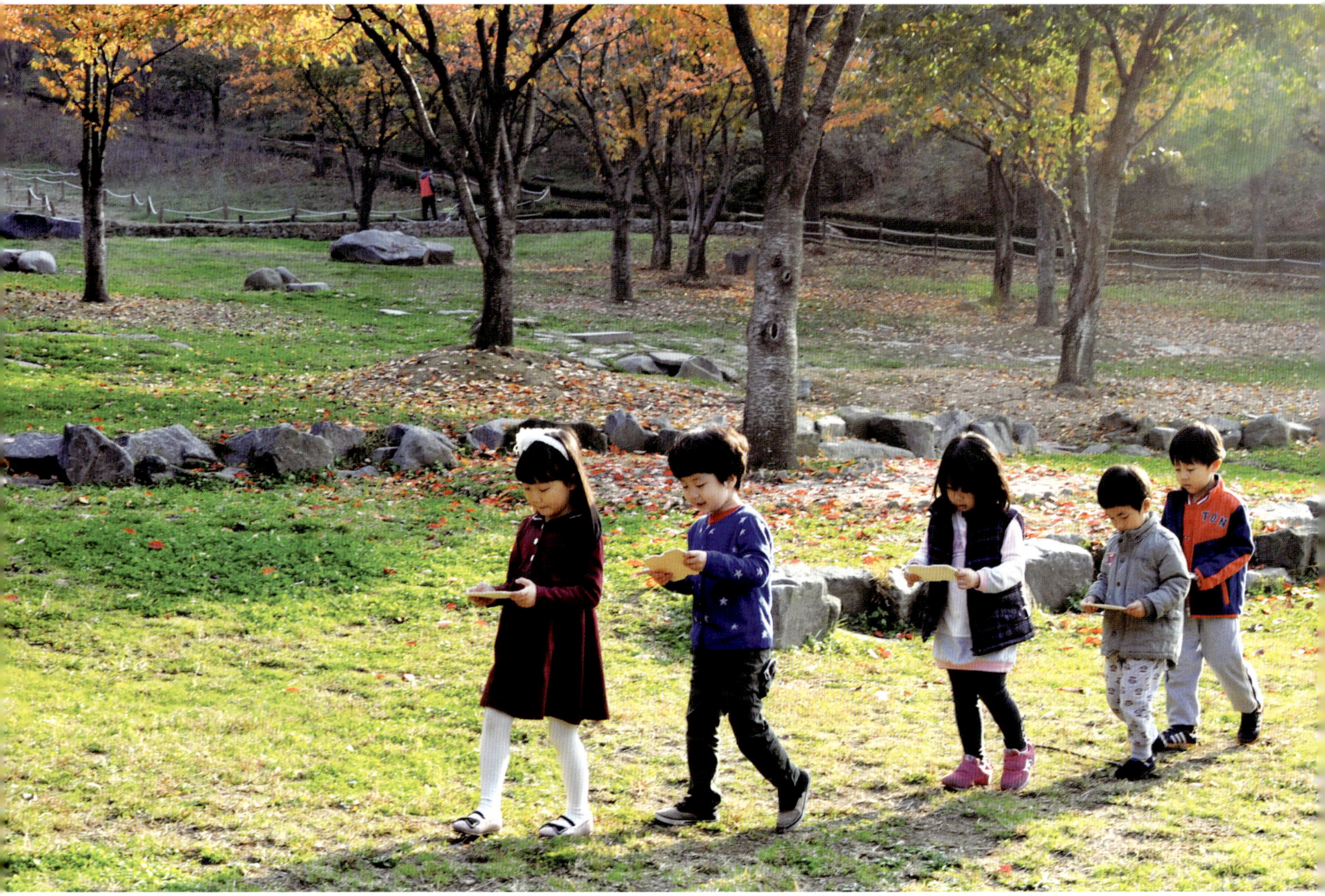

준비하기 손거울

활동하기
1. 뱀에 대해 이야기를 나누어요.
   - 뱀을 본 적 있나요? 뱀의 눈은 어떻게 생겼을까요?
   - 뱀의 눈은 360°로 회전이 가능해요.
   - 뱀을 잡아 먹는 동물은 무엇이 있을까요?
   - 뱀은 천적인 새들을 경계하기 위해 하늘을 보며 다녀요.

2. 뱀의 눈으로 숲을 바라보아요.
  - 손거울을 눈 밑에 대고 거울을 바라보며 숲을 걸어보세요.
  - 어떤 느낌인가요?
  - 평상시 앞만 보고 걸었던 숲이 다르게 보인답니다.
  - 빨갛게, 노랗게 물든 나무와 푸른 하늘이 보이나요?

3. 안전한 대열을 갖추어 활동해요.
   (손거울을 바라보며 걷다가 돌부리나 나무뿌리에 걸려 넘어지는 경우를 위해 안전 대열을 갖추어 활동해주세요.)
  - 4~5명이 한 줄로 선 후, 맨 앞에는 친구는 손거울을 들지 않고 다른 유아들을 인솔하는 역할을 해요.
  - 나머지 친구들은 한 손엔 손거울을 들고 다른 한 손은 앞 친구 어깨에 올려 앞 친구를 따라 걸어요.

<가을철 뱀 때문에 숲에 가기 무섭나요?>

가을철 뱀은 겨울잠을 준비하기 위한 먹이활동으로 활발히 활동하기 시작해요. 먹이를 많이 먹은 뱀들은 독성도 세기 때문에 조심해야 해요. 가을철 숲에 오르기 전에 몸을 풀어주면서 발을 땅에 콩콩, 쾅쾅 굴려 뱀에게 우리가 숲에 간다고 알려주세요. 뱀은 땅에 붙어 기어 다니기 때문에 진동을 잘 느껴, 우리의 신호를 듣고 우리가 즐거운 숲 활동을 할 수 있도록 잠시 자리를 피해준답니다.

추운 겨울에도 풀과 나무는 꿋꿋한 모습으로 숲을 지키고 있어요.
나뭇잎과 튼실한 열매에 가려졌던 숲속 오솔길에서 만난
청설모 한 마리를 보고 달려가는 순수한 아이들 마음처럼
숲속에 하얀 눈이 소복이 쌓이기 시작해요.
눈으로 덮인 땅 아래 숨어 기다리는 새 생명처럼 아이들도 봄을 기다려요.

딱따구리
겨울의 숲

DD-ECO SCHOOL

동물들의 겨울잠

날씨가 점점 추워지면 동물도 겨울 준비를 해요. 어떤 새들은 낡은 털을 버리고 따뜻한 새털로 갈아입기도 하고, 어떤 동물은 추위를 피해 땅속이나 나무 틈에서 잠을 청하기도 해요. 먹을 것이 없는 겨울철에 몸을 움직이면 금방 힘이 없어지기 때문이에요. 그래서 겨울잠을 자기 전에는 배가 아주 부르도록 먹이를 많이 먹어둔답니다.

겨울잠을 자는 동물

- **오소리** : 10~11월에 겨울잠에 들어요. 4개월의 동면 중 에너지로 쓰기 위해 지방을 최대한 몸에 축적해요. 땅속 둥지에서 동면하는데 때때로 깨어나서 먹이를 먹고 다시 잔답니다.

오소리

너구리

Q 철새는 왜 긴 여행을 하는 걸까요?

따뜻한 곳을 찾아서! 겨울 철새의 고향은 추운 북극이나 시베리아, 만주 벌판 등이에요. 여름철 이곳은 먹이가 많고, 낮도 길어 새끼를 키우기도 좋아요. 하지만 9월 말~10월쯤 날씨가 점점 추워지면 활동이 어려워져요. 곧 강과 땅까지 얼어붙으면 먹을 것을 찾을 수도 없기 때문에 보다 따뜻한 곳을 찾아 긴 여행을 떠난답니다.

Q 먼 길도 찾을 수 있는 겨울 철새의 비밀

새의 눈은 사람보다 300배, 코는 150배, 귀는 200배나 발달되어 있어요. 철새가 먼 추운지방에서 수천km나 떨어진 우리나라를 쉽게 찾아오고, 돌아갈 수 있는 이유 중 하나랍니다. 또 철새는 몸에 특별한 나침반의 기능이 있어 쉽게 길을 찾을 수 있다고 해요. 철새는 해질 무렵이나 밤에 먼 거리를 날아가요. 하지만 비 오는 날은 날개가 젖기 때문에 날기 힘들어 맑은 날을 좋아해요.

청둥오리

흰뺨검둥오리와 함께 흔히 볼 수 있는 오리예요. 수컷은 목에 흰 줄 위로 초록색 반짝이는 머리와 노란색 부리가 잘 어울리지요. 강과 호수 주변 습지에서 작은 곤충 등을 먹고, 주변 농지에서 떨어진 벼이삭 등의 곡식을 주워 먹는답니다.

독수리

우리가 잘 아는 독수리는 참수리, 물수리 등과 같은 '수리' 종류에 속해요. 모두 겨울철 우리나라를 찾는 멸종위기종이에요. 그중에 독수리가 가장 흔한데, 경기도 파주와 강원도 철원 등에서 볼 수 있어요. 다른 수리 류와 달리 독수리는 직접 사냥을 하지 않고 힘없는 짐승이나 죽은 것들을 찾아 먹는 습성이 있어요. 먹이를 찾지 못한 독수리를 위해 사람들은 독수리 먹이 주기 운동을 펼치기도 해요.

기러기

'V' 모양으로 줄지어 하늘을 나는 기러기떼 울음소리는 '끼럭끼럭' 그래서 '기러기'라는 이름이 붙었어요. 우리나라 전역의 큰 강과 호수, 주변 논과 밭 등에서 겨울을 나는데 큰기러기와 쇠기러기가 가장 많아요. 둘은 회색 느낌으로 비슷하지만 몸집과 부리 주변 색에서 조금 차이가 있어요.

흰뺨검둥오리

겨울철 강이나 저수지 등에서 가장 흔히 볼 수 있는 오리랍니다. 겨울뿐 아니라 다른 계절에도 볼 수 있는데, 원래 겨울 철새이지만 그냥 우리나라에 눌러 사는 경우가 많기 때문이에요. 노란색 부리와 앉았을 때 뺨과 날개 부분에 흰색이 보이는데 그래서 흰뺨검둥오리라고 해요.

겨울에도 푸른 나무들

가을까지도 멋진 모습을 뽐내던 나무들은 겨울이 되면 잎을 떨어뜨리고 맨 가지를 드러내지요. 추울 것 같지만 나무는 도리어 겨울을 나기 위해 잎을 떨어뜨리는 것이랍니다. 잎이 얼면 나무는 몸이 크게 상하거든요. 그 전에 먼저 잎을 떨어뜨리고 겨울을 견딜 준비를 해야 해요. 하지만 씩씩하게 초록색 잎을 그대로 달고 있는 나무도 많아요. 어떤 나무들이 겨울에도 푸른지 알아볼까요?

사철나무

겨울에도 잎이 떨어지지 않고 사계절 변하지 않는 나무예요. **잎이 넓적하고, 반들반들 윤이 나는** 사철나무는 정원을 가꾸는 데 많이 사용 된다고 해요. 우리 주변의 집 앞 화단, 울타리 등에서 많이 볼 수 있어요. 야외로 나가 사철나무를 찾아 살펴보세요. 줄기가 잘 보이지 않을 정도로 잎이 많답니다.

소나무

우리 주변에서 가장 흔히 볼 수 있는 나무입니다. **밝은 빛을 좋아하고, 거친 땅에서도 잘 자라나지요.** 눈이 오고 땅이 꽁꽁 어는 겨울철에도 푸른 모습이어서 사람들이 좋아해요. 소나무의 열매인 솔방울은 우리 아이들의 재미난 장난감이 된답니다.

동백나무

겨울에도 푸른 나무일뿐 아니라 초겨울에 벌써 **붉은 꽃을 피우기도 하는 멋진 나무예요.** 바닷바람이나 소금기에도 강해요. 동백나무 씨앗에는 기름이 많이 들어있어, 옛날 사람들이 머리를 단장하거나 호롱불을 피우는 데도 사용했답니다.

호랑가시나무

사랑의 열매나 크리스마스 카드의 붉은 열매를 본 적이 있나요? 그 열매의 주인공이 바로 호랑가시나무예요. 붉은 열매와 윤기가 나는 푸른 잎이 아름다운 나무랍니다. 잎에는 뾰족한 가시가 달렸는데 마치 **잎의 뾰족한 가시에 호랑이가 등을 긁었다고 해서** 호랑가시나무라고 해요. 하지만 나무가 자라면서 가시는 거의 사라지고 잎끝에만 남게 된답니다.

나무뿐 아니라 겨울을 나는 식물도 있어요.
로제트 식물

겨울을 나는 식물로는 나무만 있는 것이 아니에요.
추운 겨울에도 광합성을 하기 위해 잎을 최대한 납작하게
바닥에 붙이고 살아가는 로제트 식물이 있어요.
모양이 장미와 비슷해 '로제트'라고 하며, 방석처럼 보인다고
'방석식물'이라고 부르기도 한답니다.

WINTER
겨울 숲 활동

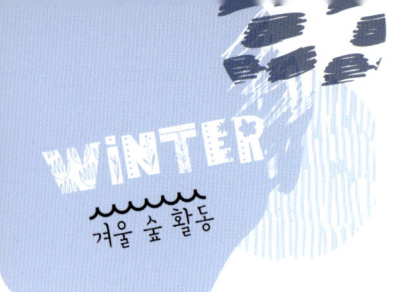

솔방울 가습기

건조한 겨울이 왔어요. 하지만 걱정 마세요. 우리에겐 솔방울이 있잖아요!
솔방울만 있다면 천연 가습기로 촉촉한 겨울을 보낼 수 있어요.

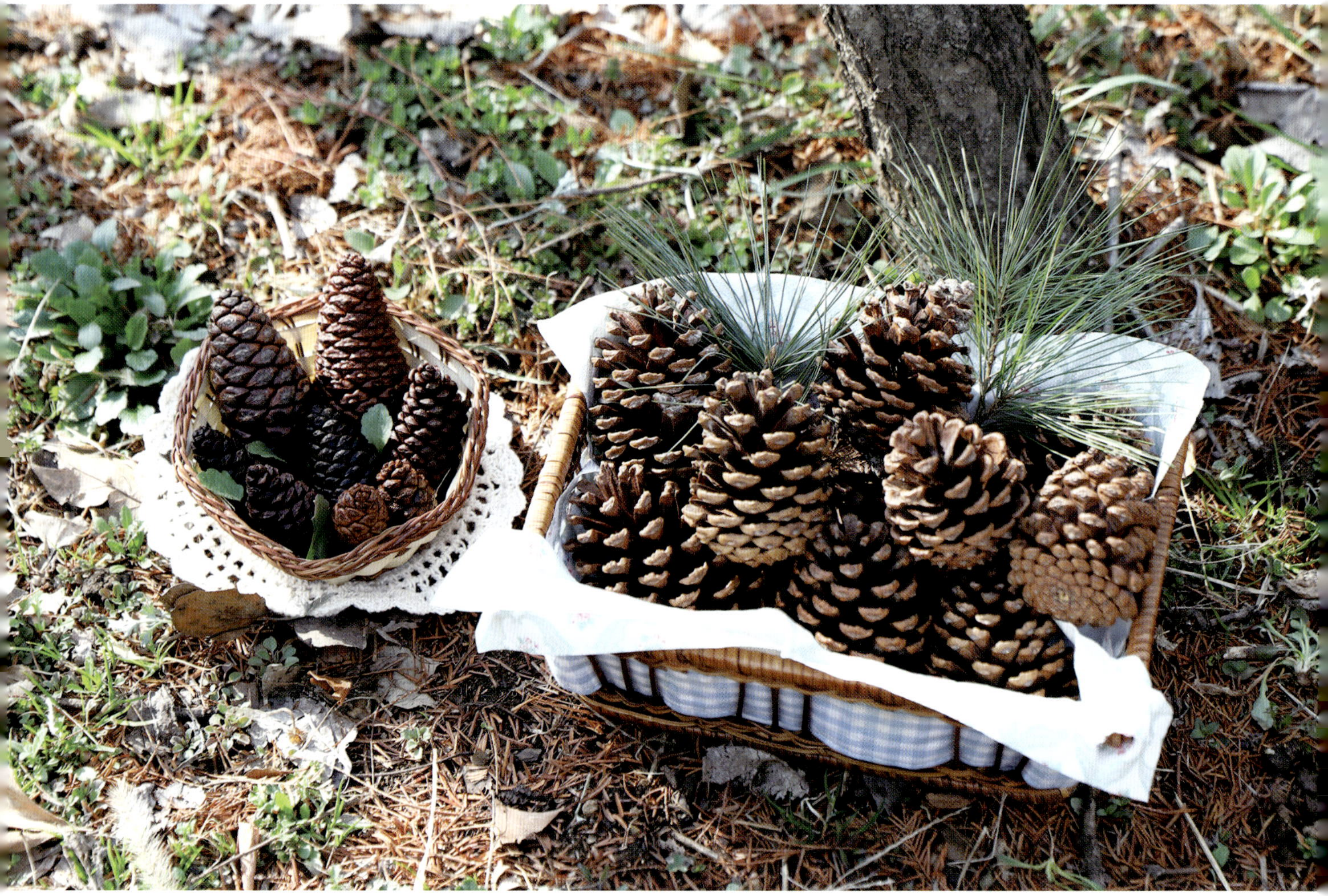

준비하기 솔방울, 채집통, 물, 그릇, 바구니 등

활동하기

1. 솔방울을 찾아요.
- 부서지지 않은 솔방울을 찾아요.(공원이나 아파트 주변에 떨어진 솔방울을 찾아보세요.)

2. 솔방울을 관찰해요.
- 솔방울은 어떤 모양을 하고 있나요?
- 솔방울은 나무의 종류에 따라 모양과 크기가 조금씩 다르답니다.

3. 솔방울 가습기를 만들어요.
- 솔방울을 흐르는 물에 깨끗이 씻어, 하루 정도 물에 담가주세요.
- 물에 담가 놓은 솔방울이 어떻게 변하는지 관찰해보세요.
- 솔방울이 물기를 먹어 오므라든답니다.
- 오므라든 솔방울을 건져 접시나 바구니에 담아주면 천연 가습기 완성!
- 물기를 먹어 오므라든 솔방울이 서서히 벌어지면서 건조한 실내 습도를 조절한답니다.
- 솔방울이 마르면 다시 물에 담갔다 꺼내주세요.

〈'솔방울 가습기'의 원리?〉

솔방울은 70~100개의 인편(조각)으로 이루어져 있어요. 인편 안쪽은 해면질로 되어 있어 습기를 먹으면 솔방울이 오므라들고, 습기가 없으면 다시 펴진답니다. 우리 옛 조상님들은 소나무에 달린 솔방울의 모습을 보고 그날의 습도를 확인했다고 해요.

겨울 숲 활동

솔방울 트리

12월 25일! 언제나 행복한 크리스마스! 크리스마스를 더욱더 빛나게 해줄 트리를 만들어볼까요? 솔방울로 작고 귀여운 트리를 만들어보세요.

준비하기 솔방울, 흙, 종이컵, 꾸미기 도구, 미술도구 등

활동하기

1. 주변에서 솔방울을 찾아요.
   - 다양한 모양의 솔방울을 찾아주세요.(잣 방울을 사용해도 좋아요.)
2. 종이컵 화분을 꾸며주세요.
   - 그림이나 글로 종이컵을 자유롭게 꾸며주세요.
   - 크리스마스 하면 떠오르는 것을 그려주면 좋아요.

3. **솔방울 트리를 꾸며주세요.**
    - 솔방울을 트리처럼 꾸며보세요.
    - 크리스마스 장식을 이용해 다양한 크리스마스 솔방울 트리를 만들어보세요.
    - 다양한 크기와 모양의 솔방울로 개성이 있는 나만의 트리를 만들어보세요.
4. **완성된 솔방울 트리를 종이컵 화분에 올려주세요.**
    - 종이컵 화분에 흙을 담아주세요.
    - 솔방울 트리를 올리고, 팻말도 만들어 세워보세요.
5. **완성된 나만의 솔방울 트리를 전시해주세요.**
    - 전시하는 곳에 따라 느낌이 달라요.

〈솔방울 루돌프〉

솔방울로 만들 수 있는 겨울 장식품이 또 무엇이 있을까요? 만들기 간단하고 쉬운 귀여운 루돌프를 만들어 보는 건 어때요? 솔방울은 루돌프의 얼굴, 나뭇가지는 뿔, 나무조각은 눈, 빨간 열매로 코를 만들어 줄 수 있고, 없다면 뿅뿅이를 붙여도 좋아요. 짠~ 귀여운 솔방울 루돌프 완성!

겨울 숲 활동

자연물 크리스마스 카드

숲속의 다양한 자연물로 세상에 단 하나뿐인 크리스마스 카드를 만들어 소중한 사람에게 선물해보세요.

준비하기 나뭇가지, 솔방울, 마스킹테이프, 지끈, 편지지, 목공 풀, 꾸미기 도구, 미술도구 등

활동하기
1. 크리스마스에 대해 이야기를 나누어요.
   - 크리스마스는 무슨 날인가요? 크리스마스 하면 무엇이 생각나나요?
   - 크리스마스 카드를 받아 본 적 있나요?
2. 주변에서 다양한 자연물을 수집해요.
   - 다양한 크기의 나뭇가지, 솔방울 등을 찾아보세요.

3. 다양한 방법으로 나만의 크리스마스 카드를 만들어요.
    - 나무, 루돌프 등 자유롭게 자연물을 이용해 크리스마스 카드를 만들어요.
    - 나뭇가지는 목공풀이나 마스킹테이프를 이용해 종이 카드에 붙여주세요.
      (사진을 참고하여 다양한 방법으로 카드를 만들어보세요.)
4. 세상에 하나뿐인 크리스마스 카드에 내 마음을 담아 소중한 사람에게 선물해요.

notes:

〈나뭇가지 트리 모빌〉

기다란 나뭇가지를 이용해 멋진 트리를 만들어 볼까요? 여러 개의 나뭇가지를 크기순, 일정한 간격으로 묶어주고, 다양한 재료로 꾸며주면 멋진 크리스마스 트리모양의 모빌이 완성됩니다.

얼음 오너먼트

물도 꽁꽁 얼려버리는 추운 겨울 날씨를 이용해 예쁜 오너먼트를 만들어요.
꽃도 잎도 떨어진 겨울 숲을 오너먼트로 아름답게 꾸며볼까요?

준비하기 모양 틀(젤리 컵, 종이 컵 등), 다양한 자연물, 꾸미기 재료(단추, 스팽클 등), 지끈, 물 등

활동하기

1. **겨울철 날씨에 대해 이야기를 나누어요.**
    - 겨울 날씨는 어떤가요?
    - 물을 밖에 두면 왜 얼음으로 변할까요?
2. **숲 속에서 얼음을 찾아보아요.**
    - 얇게 살짝 언 얼음을 '살얼음' 이라고 해요.

- 고드름을 본 적이 있나요?
- 지붕의 처마나 나무에서 쌓인 눈이 녹아 떨어지다 다시 얼어 생기는 것을 '고드름'이라고 해요.

3. 얼음 오너먼트를 꾸밀 다양한 자연물을 찾아보세요.
   - 바닥에 떨어진 자연물을 사용해요.
   - 소나무 잎이나 남천 나무의 열매를 이용하면 따뜻한 크리스마스 분위기를 낼 수 있어요.

4. '얼음 오너먼트'를 만들어요.
   ① 얼음을 얼릴 틀에 2/3 정도 물을 따라주세요.
   ② 물을 따른 틀에 자연물과 미술 재료를 물에 넣어 꾸며주세요.
   ③ 끈을 이용해 고리를 만들어 같이 넣어주세요.
   ④ 예쁘게 꾸민 오너먼트를 꽁꽁 얼려주세요.
   ⑤ 모양 틀을 제거하고 오너먼트를 숲속 나무에 걸어보세요.

〈동글동글 풍선 얼음 모빌〉

'얼음 오너먼트'보다 더 간단한 방법으로 얼음 모빌을 만들 수 있답니다. 풍선에 물과 자연물을 함께 넣은 후 끈으로 고정하여 나무에 걸어 꽁꽁 얼려주세요. 하루가 지나 꽁꽁 언 풍선을 터트려보면 동글동글 예쁜 모양의 얼음 모빌이 완성된답니다.

나뭇가지로 만든 눈 결정체

하얗게 펑펑 내리는 눈, 눈을 자세히 본 적이 있나요? 눈은 어떤 모양일까요?
눈 결정체를 관찰해보고 자연물로 눈 결정체를 표현해보세요.

준비하기 다양한 크기의 나뭇가지, 흰색 실 등

활동하기
1. **눈에 대해 이야기 나누고, 눈 결정체를 관찰해요.**
   - 눈은 언제 내릴까요?
   - 6각형의 기본 구조로 되어있는 눈 결정체에 대해 이야기를 나누어 보세요.
2. **주변에서 나뭇가지를 수집해요.**
   - 비슷한 길이의 나뭇가지를 수집해주세요.(가느다란 나뭇가지가 좋아요.)

3. **나뭇가지와 자연물을 이용하여 눈 결정체를 표현해요.**
   - 바닥에 나뭇가지로 눈 결정체 그림을 그려요.
   - 나뭇가지를 바닥에 놓아 눈 결정체를 만들어요.
   - 나뭇가지와 흰색 실로도 결정체를 만들어요.
4. **결정체 요술봉을 만들어요.**
   - 나뭇가지 눈 결정체에 긴 나뭇가지를 묶어 '눈 결정체 요술봉'을 만들 수 있어요.
   - '눈 결정체 요술봉'을 들고 눈의 요정이 되어보세요.
5. **자유롭게 표현한 눈 결정체를 멋지게 전시해요.**

〈여러 가지 모양의 '눈 결정체'〉

함박눈이 왔을 때 돋보기로 눈을 살펴보면 눈으로는 볼 수 없는 아름다운 모습이 나타나요. 눈의 결정은 별 모양, 바늘 모양, 기둥 모양, 콩알 모양 등… 3천 종이 넘는 다양한 모양이 있어요. 눈 결정의 크기와 모양은 구름 주변의 온도와 습도에 따라 변해요. 온도가 낮을수록, 습도가 높을수록 더욱 다양한 결정 모양이 만들어진답니다.

겨울 숲 활동

나무 얼굴 만들기

나무에 찰흙을 붙여 얼굴을 만들어주면 정말 나무의 표정인 듯 보여요.
나뭇잎, 열매도 떨어지고 외로울 겨울나무에 환한 표정을 선물해요.

준비하기 찰흙, 나뭇잎, 나뭇가지, 열매 등

활동하기
1. 나무를 탐색해요.
   - 나무껍질을 만져보세요, 나무를 안아보세요. 나무의 냄새를 맡아보세요.
   - 나무의 껍질을 관찰해보세요.
   - 나무마다 껍질의 모양이 다르답니다.
   - 나무에게 만약 표정이 있었다면 어떤 표정을 짓고 있을까요?

2. 나무에 표정을 만들어요.
- 찰흙을 동그랗게 편 후 나무에 붙여주세요.
- 동그란 찰흙 위에 자연물을 이용하여 눈, 코, 입을 만들어보세요.
- 찰흙을 이용하여 눈, 코, 입을 만들어 나무에 붙여 보세요.
- 다양한 방법으로 나무의 표정을 만들어주세요.

3. 내가 만든 나무의 표정을 감상해요.
- 나무가 어떤 표정을 하고 있나요?
- 왜 그런 표정을 하고 있나요?

notes:

〈숲속 그루터기〉

숲속 곳곳에는 나무가 잘려 나가고 뿌리와 함께 제자리를 지키는 나무줄기의 아랫부분인 '그루터기'를 쉽게 볼 수 있어요. '그루터기'는 우리가 잠깐 쉴 수 있는 의자, 멋진 작품을 표현하는 작은 무대도 되어준답니다.

겨울 숲 활동

솔잎 고슴도치

추운 겨울에도 푸른 소나무의 솔잎을 보면 무엇이 생각나나요?
겨울잠을 자러 땅 속에 꼭꼭 숨은 '고슴도치'의 뾰족한 털과 닮지 않았나요?

준비하기 솔잎, 찰흙, 클레이, 나무조각, 사인펜, 완구용 눈알 등

활동하기
1. **솔잎을 채집해요.**
   - 푸른 솔잎을 채집해주세요.(색이 변한 솔잎은 힘이 없어요.)
2. **솔잎을 관찰해요.**
   - 솔잎은 사계절 푸른 소나무의 잎으로 향기가 매우 좋아요.
   - 솔잎으로 친구를 간지럼 태워보세요.

3. '고슴도치'에 대해 이야기 나눠요.
- 포유류 중에서 유일하게 가시털을 지닌 동물로 추위에 매우 약해 10월에서 이듬해 4월까지 동굴이나 나무구멍, 땅속에서 겨울잠을 잔답니다.

4. '고슴도치'를 만들어요.
- 찰흙이나 클레이로 고슴도치 몸통 모양을 만들어요.
- 나무조각, 완구용 눈알 등을 붙여 눈, 코, 입을 만들어보세요.
- 솔잎을 꽂아 고슴도치의 뾰족한 털을 표현해보세요.
  (솔잎이 길면 가위로 잘라 사용해도 좋아요.)

5. 완성된 고슴도치를 전시해요.

〈'솔잎 빗자루' 그림〉
솔잎으로 그림을 그릴 수 있다고요? 솔잎을 가지런히 모아주세요. 가지런히 모은 솔잎 가운데에다 나뭇가지를 끼우고 실로 묶어주면 완성! 이게 붓이야? 빗자루야? 솔잎으로 만든 빗자루로 바닥도 깨끗하게 쓸어보고, 붓처럼 물감을 묻혀 그림도 그려보세요.

숲속 지킴이! 솟대와 장승

예부터 마을을 평화롭게 지켜주는 솟대와 장승을 만들어 숲에 세워볼까요?
숲을 지켜주는 우리만의 '숲속 지킴이! 솟대와 장승'이 될 거예요.

준비하기 나뭇가지, 솔방울, 목공 풀, 칼, 미술도구 등

활동하기

1. **여러 모양의 나뭇가지를 찾아요.**
   - 솟대를 만들 나뭇가지는 두께가 얇은 것이 좋아요.
   - 장승을 만들 나뭇가지는 두께가 굵은 것이 좋아요.
2. **'솟대'와 '장승'에 대해 이야기를 나눠요.**
   - 솟대와 장승은 예부터 마을의 평화를 지켜주는 의미에서 마을 입구에 세워 놓았던 상징이에요.

3. 솟대를 만들어요.
- 솔방울을 물감으로 색칠해 꾸며보세요.
- 'ㄱ' 모양 나뭇가지를 솔방울에 끼워 새의 얼굴을 표현해 보세요.
- 얇은 나뭇가지를 솔방울 밑에 끼워 솟대를 완성해 땅바닥에 세워보세요.

4. 장승을 만들어요.
  (사전에 교사나 성인이 장승의 얼굴과 글씨를 쓸 부분을 칼로 깎아 준비해주세요.)
- 미술도구를 이용하여 장승을 꾸며보세요.
- 무서운 얼굴, 환하게 웃고 있는 얼굴 등 다양한 표정의 장승을 만들어요.
- 완성된 장승은 숲속 곳곳에 세워 '숲속 지킴이'로 만들어 보세요.

<'솟대'와 '장승'이란?>
옛날부터 전해 내려오는 민속 신앙 같은 존재로 '솟대'란 긴 장대 끝에 나무로 만든 새 조각이 있는 신앙 물로 새해 풍년을 기원하며 마을 입구에 세우는 '수호신'을 상징해요. '장승'은 통나무에 사람의 얼굴 모양을 새겨 세운 상징으로 마을 입구나 큰길가에 세워두었습니다. 이정표와 마을을 지키는 역할을 했답니다.

자연물 투호놀이

우리나라 전통놀이 중 하나인 투호놀이에 대해 알고 있나요?
투호 통과 화살이 없이, 숲에서도 투호놀이를 할 수 있어요.

준비하기 솔방울, 나뭇가지, 낙엽 등

활동하기

1. **우리나라 전통놀이인 투호놀이에 대해 이야기를 나눠요.**
   - 우리나라 전통놀이에는 무엇이 있을까요? 투호놀이는 어떻게 하는 걸까요?
   - 투호놀이는 일정한 거리에서 투호 통에 화살을 던져 누가 많은 수를 넣었나 겨루는 놀이랍니다.
2. **투호 통 대신 자연물로 원을 만들어요.**
   - 화살을 던져 집어넣을 통이 없다면 자연물로 만들어볼까요?

- 주변의 다양한 자연물을 이용해서 동그란 원을 만들어주세요.
- 세모, 네모 다양한 모양을 만들어도 좋아요.

3. 주변에서 화살을 대신할 자연물을 찾아요.
- 화살 대신 무엇을 던질 수 있을까요?
- 돌, 솔방울, 나뭇가지를 찾아보세요.

4. 재미있는 투호놀이를 해요.
- 일정한 거리를 정해요.
- 누가 가장 많이 집어 넣는지 시합을 해요.
- 사용한 자연물은 다시 제자리에 갖다놔요.

notes:

〈솔방울 제기〉

우리나라 전통놀이 중 친근한 제기차기를 솔방울로 만들어볼까요? 아이들은 발과 눈의 협응력이 부족하기 때문에 제기를 줄로 막대기에 묶어 달아주면 좀 더 쉽고 재미있게 제기를 찰 수 있어요.

낙엽 방석

바스락바스락 부서지는 낙엽을 모아 커다란 비닐봉지에 넣으면 무엇이 될까요?
푹신푹신한 낙엽 방석이~ 바스락 소리가 나는 커다란 공이 된답니다.

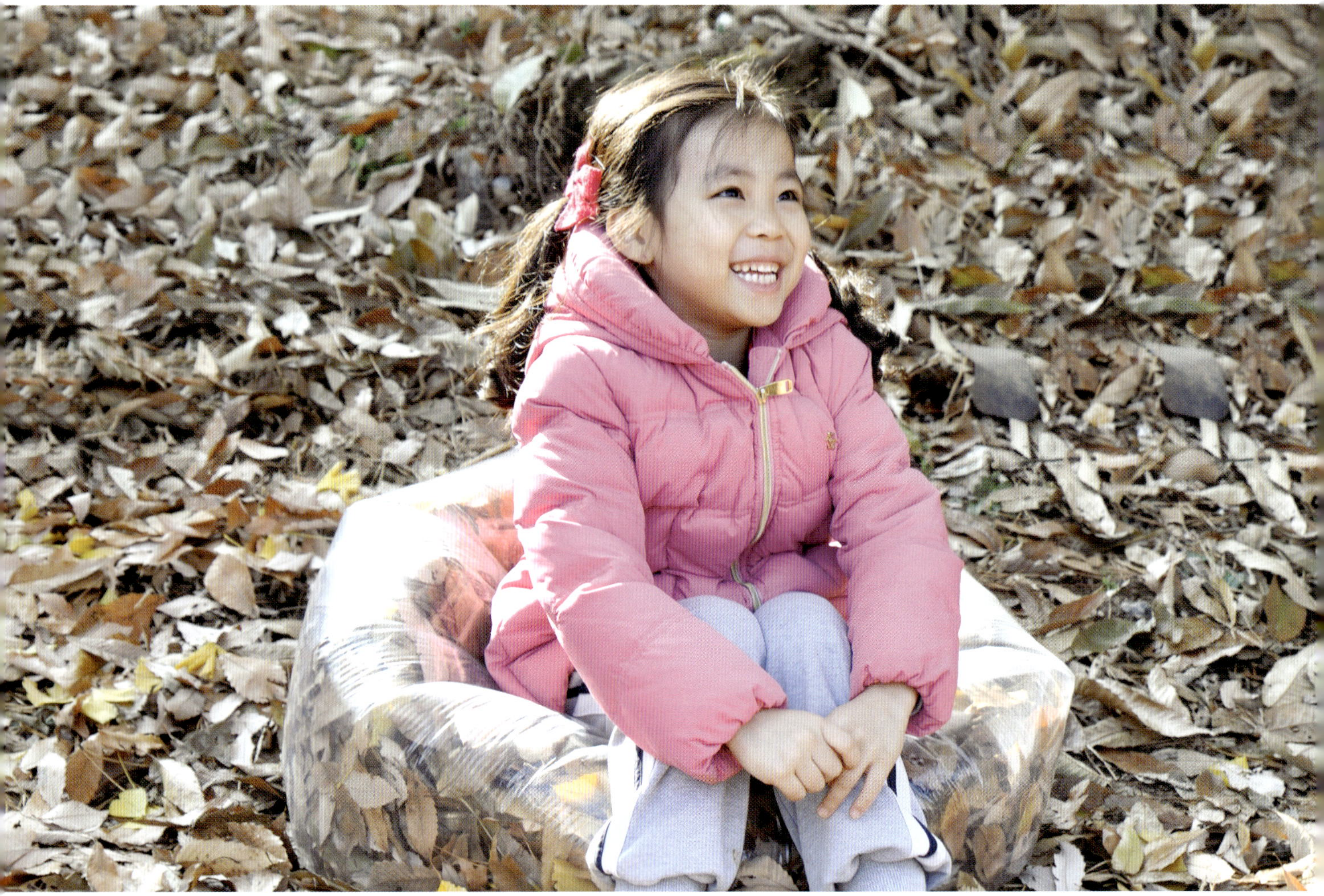

준비하기 낙엽, 끈, 비닐봉지 등

활동하기
1. 낙엽을 관찰해요.
   - 낙엽은 무슨 색인가요?
   - 낙엽을 만져보세요.
   - 바스락바스락 낙엽을 발로 밟아보세요.
   - 어떤 느낌인가요?

2. 낙엽 방석을 만들어요.
- 바닥에 떨어진 낙엽을 모아 커다란 비닐봉지에 가득 채워 보세요.
- 낙엽이 가득 채워졌다면 비닐봉지를 느슨히 묶어 터지지 않도록 해주세요.

3. 낙엽 방석에 앉아보세요.
- 푹신푹신한 방석이 완성되었나요?

4. 낙엽 방석을 가지고 놀아요.
- 낙엽으로 가든 채운 비닐봉지는 마치 커다란 공 같아요. 친구들과 커다란 공을 가지고 놀아보세요.
- 힘을 합쳐 커다란 낙엽 공을 하늘 위로 날려볼까요?

notes:

〈나무는 왜 낙엽을 떨어트릴까요?〉

나무는 겨울이 오면 수분이 부족해지므로 나뭇잎과 이별할 준비를 한답니다. 먼저 잎과 가지 사이에 연결된 잎자루의 끝부분에 얇은 막(떨켜 층)을 만들어요. 잎으로 물과 양분이 빠져나가는 것을 막기 위해서라고 해요. 떨켜 층이 완성되면 잎은 나무로부터 물과 양분을 받지 못해 시들어 바닥으로 떨어진답니다.

WINTER
겨울 숲 놀이

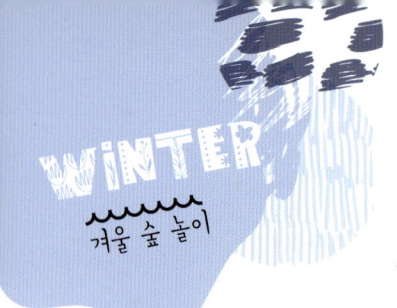

숲속 양파망 축구

추운 겨울 움츠리고만 있지 말고 밖에 나가 신나는 축구 한 판 어때요?
바닥에 떨어진 낙엽을 모아 공을 만들어 뛰어놀며 추위를 날려보세요.

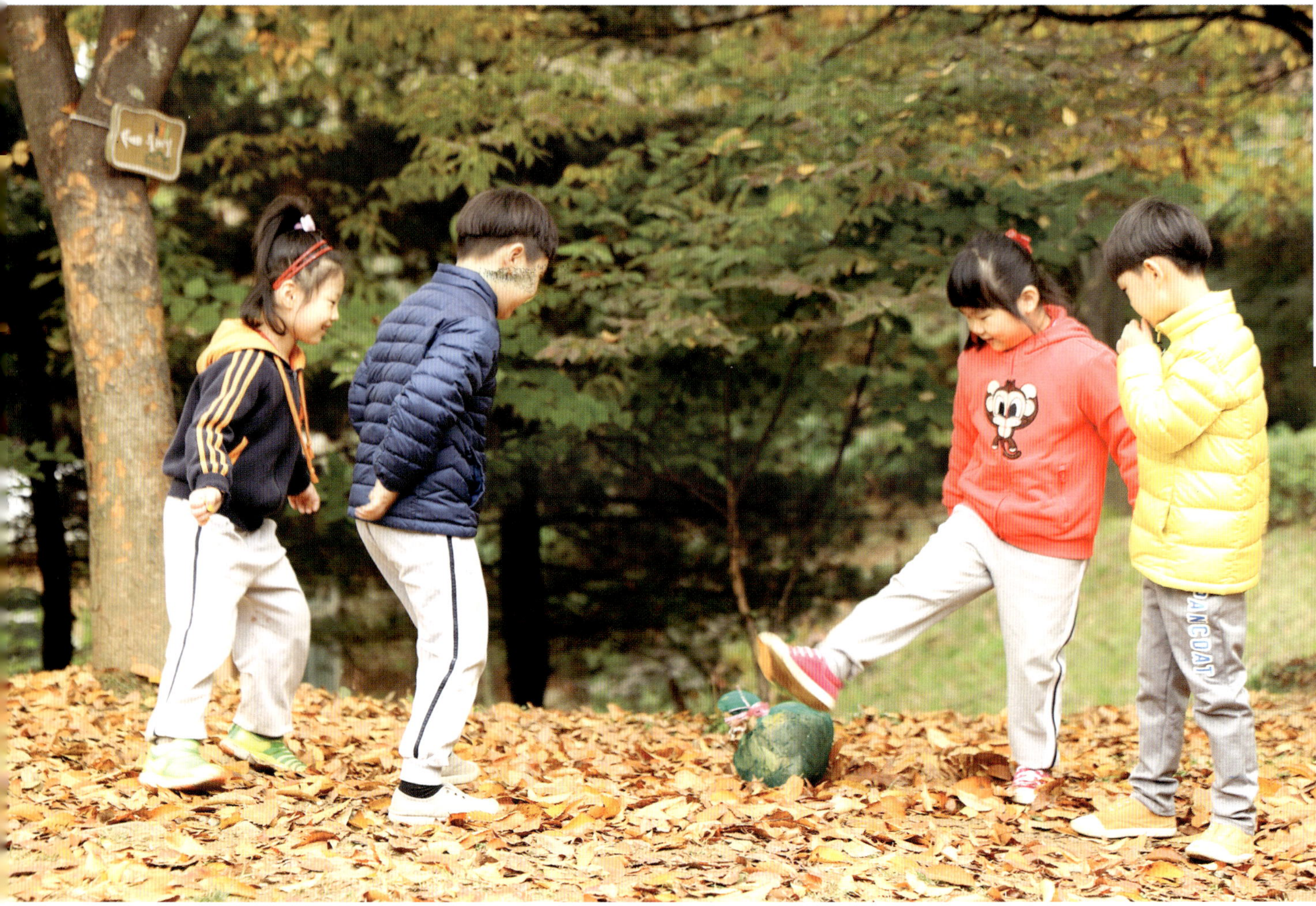

준비하기 낙엽, 양파망

활동하기

1. 바닥에 떨어진 낙엽을 모아요.
- 나무에서 떨어진 낙엽들을 모아주세요.

2. 축구공을 만들어요.
- 양파망에 낙엽을 가득 넣어주세요.
- 낙엽을 넣고 낙엽이 새어 나오지 않도록 줄을 묶어주세요.

3. 활동 전 굳은 몸을 풀어주세요.
- 간단한 체조를 하면서 몸을 풀어주세요.
- 충분히 몸을 풀면 안전사고를 예방할 수 있답니다.

4. 축구 놀이를 해요.
- 규칙을 정하고 재미있게 공놀이를 해보세요.
- 축구 놀이 이외에도 공을 이용한 다양한 놀이를 할 수 있답니다.

notes:

⟨낙엽공으로 이렇게도 놀아요⟩

공으로 할 수 있는 운동은 여러 가지가 있죠? 발로 하는 축구, 손으로 하는 농구, 배구, 피구 등등.. 낙엽 공으로 모두 할 수 있답니다. 그런데 손과 발이 닿지 않고도 놀이 할 수는 없을까요? 큰 천 위에 낙엽 공을 올리고 바닥에 떨어지지 않도록 친구들과 높이 높이 튕겨보세요.

WINTER
겨울 숲 놀이

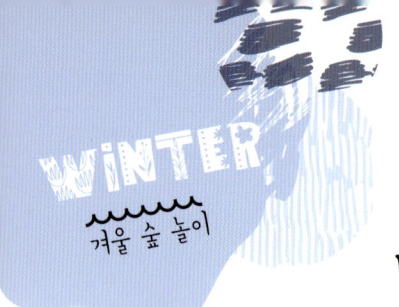

내 나무를 찾아요

숲속에는 다양한 나무들이 있어요. 나무를 만져만 보고 어떤 나무인지 알아차릴 수 있을까요? 재미있는 게임을 하며 나만의 나무를 찾아보세요.

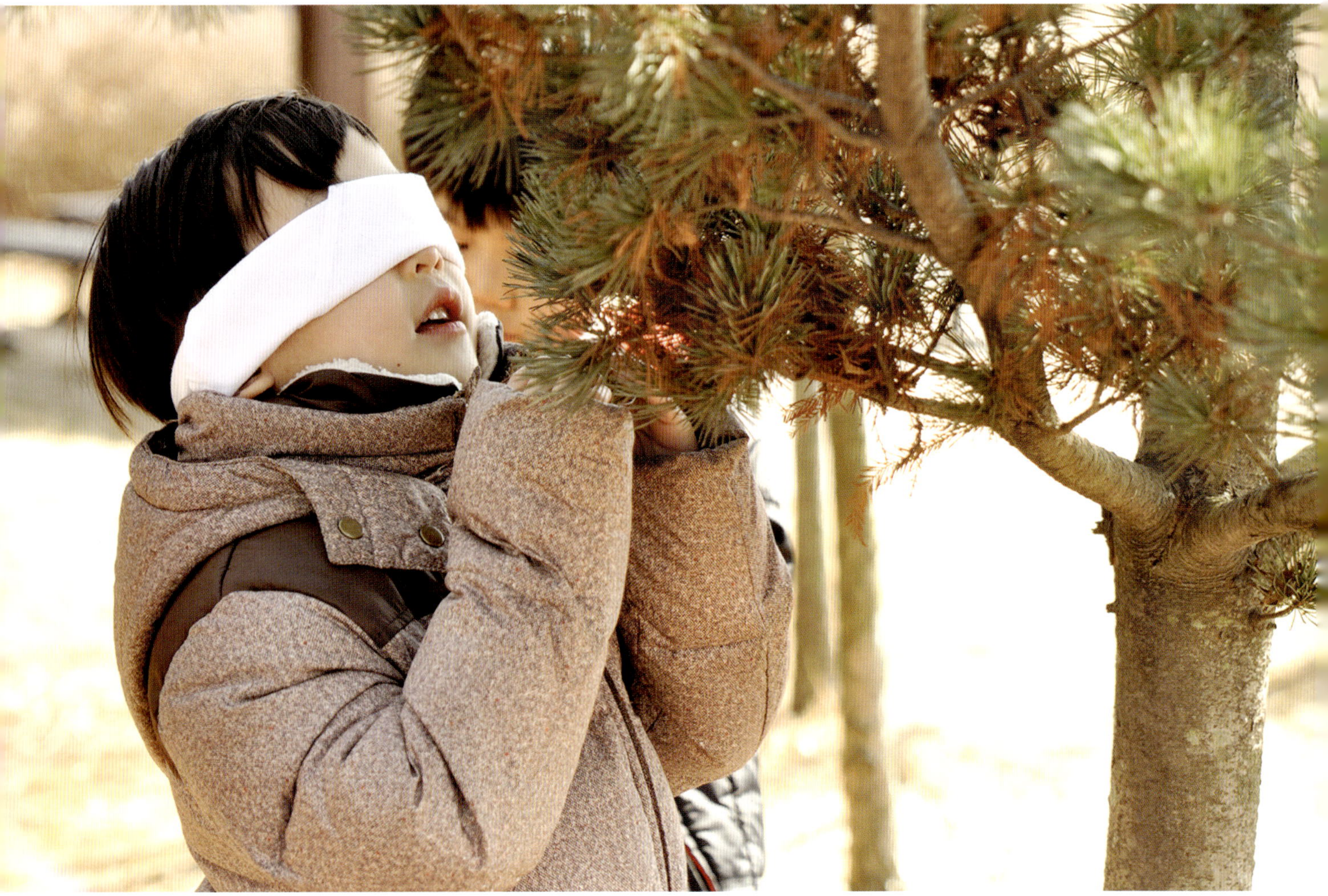

준비하기 눈가리개(손수건, 안대 등)

활동하기

1. 숲속의 나무들을 관찰해요.
- 겨울나무의 모습은 어떤가요?
- 나무를 안아보고 굵기, 질감, 껍질, 냄새 등을 살펴보세요.

2. 두 명이 한 팀이 되어 놀이해요.
- 팀을 정해 한 명은 눈을 가려요.

- 다른 한 명이 눈을 가린 친구를 인도해 미리 정한 나무로 데려가요.
- 눈을 가린 사람은 그 나무를 만지고 냄새를 맡아보며 충분히 확인하고 제자리로 돌아와요.

3. 눈가리개를 벗은 후 내가 만졌던 나무를 찾아내요.
- 눈가리개를 벗고, 내가 느꼈던 나무의 느낌, 냄새 등을 기억하여 나무를 찾아보세요.
- 내 나무를 찾았다면 '내 나무를 찾았다' 하고 크게 외쳐요.

4. 어떻게 내 나무를 찾았는지 방법을 말해 주세요.
- 서로 내 나무를 찾을 수 있었던 이유를 이야기해보세요.

〈나무와 하나 되기〉

나무와 이런 놀이는 또 어때요? '즐겁게 춤을 추다가' 노래를 부르며 노래에 맞춰 나무를 껴안아요. 얇은 나무는 혼자, 두꺼운 나무는 두 명, 세 명씩 모여 껴안아요. 이때 나무를 껴안지 못한 유아는 한 번 쉬어야 해요. 게임을 하며 두꺼운 나무, 얇은 나무 등 두께가 다른 것을 알 수 있어요. 또 나무와 친숙해지고 사랑하는 마음도 생기겠지요?

겨울 숲 놀이

나무에게 옷을 입혀주세요

겨울은 나무에게도 가장 추운 계절이에요. 나무들이 추운 겨울을 이기고 다시 푸른 나뭇잎을 피워 내도록 도와줄 수 없을까요?

준비하기 헌 천이나 옷, 끈, 크레파스, 매직펜 등

활동하기
1. **겨울철 날씨에 대해 이야기를 나누어요.**
   - 겨울 날씨는 어떤가요?
   - 우리가 추운 것처럼 나무도 추위를 느낀답니다.
2. **겨울철 나무를 따뜻하게 해줄 수 있는 방법을 찾아봐요.**
   - 어떻게 하면 나무들이 따뜻하게 겨울을 날 수 있을까요?

3. 천이나 수건, 작아진 옷 등을 준비해요.
　- 나무를 감싸 줄 수 있도록 잘라주세요.
4. 나무에게 준비한 천이나 수건을 입혀요.
　- 나무에게 천이나 옷을 두세겹 감싸주세요.
　- 끈을 이용해 묶어 고정해주세요.
　　(끈이 없다면 칡 줄기를 사용하면 좋아요.)
5. 나무의 옷을 꾸며 주세요.
　- 천 위에 멋진 그림을 그려 꾸며주세요.
　- 나무에게 하고 싶은 말을 써 볼까요?

〈'잠복소'란?〉

추운 겨울 나무를 따뜻하게 해주기도 하지만, 해충들이 추위를 피해 나무의 껍질을 파고 들어가는 것을 막아줘요. 나무를 천으로 감싸면 해충들이 나무껍질을 파고 속으로 들어가지 않고 천 안에 숨는다고 해요. 따뜻한 봄이 오면 나무에게 입혀주었던 옷은 해충들이 모여있어 불로 태워 버려요.

우리만의 숲속 아지트, 움막집 만들기

바람이 슝슝, 손발이 꽁꽁, 추위를 피할 우리만의 아지트를 만들어 추위를 피하고 신나는 놀이도 해요.

준비하기 길고 튼튼한 나무 기둥 3개, 긴 나뭇가지, 나뭇잎, 돌 등 다양한 자연물, 끈

활동하기
1. 길고 튼튼한 나무를 찾아 삼각형으로 균형을 잡아주세요.(교사가 사전에 준비해주세요.)
   - 아이들이 드나들기 때문에 무너지지 않도록 균형을 잡아주는 것이 중요해요.
   - 균형을 잡은 3개의 나무 기둥 윗부분을 밧줄로 꽉 묶어 고정해주세요.
   - 끈이 없다면 주변의 칡 줄기를 이용해도 좋아요.
2. 힘을 모아 주변에 떨어진 잔 나뭇가지들을 모아 고정한 나무 기둥 주위를 감싸주세요.

- 나뭇잎이 붙어있는 나뭇가지나 솔잎이 붙어있는 나뭇가지를 사용해도 좋아요.
- 아이들이 들어갈 입구는 비워두세요.
- 아이들이 나뭇가지에 찔리지 않도록 잔 나뭇가지는 잘라주는 것이 좋아요.

3. 차곡차곡 나뭇가지를 둘러 움막집을 완성해요.
- 완성된 움막집에서 자유롭게 놀이해보세요.
- 집 크기에 따라 한 번에 들어갈 수 있는 유아 수를 정해주세요.
- 바람을 막아주는 아지트, 휴식을 취할 수 있는 쉼터, 소꿉놀이를 할 수 있는 집도 될 수 있답니다.

〈곤충 아파트〉

숲속 곤충들도 곧 다가올 겨울 추위를 피할 수 있도록 집을 만들어 줄 수는 없을까요?
다양한 곤충들이 모여 살 수 있는 곤충 아파트를 만들어보세요.
① 다양한 모양의 틀을 준비해요. (네모 상자를 사용해도 좋아요.)
② 틀에 나뭇가지, 돌, 헝겊 등을 차곡차곡 넣어 곤충들이 살기 좋은 환경을 만들어주세요.

눈으로 놀아요

펑펑~ 눈이 옵니다~♪ 하늘에서 눈이 옵니다~♪🎵 하늘에서 하얀 눈이 내리는 겨울은 우리의 마음을 설레게 만들어요. 하얀 눈으로 신나게 놀아볼까요?

준비하기 눈, 나뭇가지, 솔방울, 장갑, 눈썰매 등

활동하기
1. **눈이 수북이 쌓인 날 아이들과 밖에 나갈 준비를 해요.**
   - 추운 겨울에 맞게 옷과 방한 도구를 챙겨주세요.
   - 아이들과 밖에 나가서 자유롭게 뛰어놀며 꽁꽁 얼어붙었던 몸과 마음을 녹여보세요.
2. **눈을 탐색하며 자유롭게 놀아요.**
   - 장갑을 벗고 눈을 만져보세요. 어떤 느낌인가요?

- 눈을 살짝 먹어볼까요? 어떤 맛이 나요?
- 수북이 쌓인 눈밭에 내 발자국을 남겨보세요.

3. 눈을 가지고 놀아요.
- 눈을 뭉쳐 눈싸움을 할 수도 눈사람을 만들 수도 있어요.
- 눈사람을 만들고 주변의 자연물을 이용하여 눈, 코, 입과 손을 만들어보세요.
- 경사가 진 곳이 있다면 슝~ 눈썰매를 타보는 건 어떨까요?
- 이번엔 힘을 합쳐 우리만의 이글루를 만들어볼까요?
- 눈에 젖지 않는 옷과 장갑을 착용하고 활동해주세요. 옷이나 장갑이 젖으면 동상에 걸릴 수 있답니다.

notes:

⟨'눈'은 왜 내릴까요?⟩

눈은 비처럼 구름 알갱이가 모여서 만들어지기는 하지만, 비와는 달라요. 구름을 이루고 있는 물방울은 온도가 낮아지면 얼음 알갱이가 되어요. 이 얼음 알갱이에 수증기가 달라붙으며 점점 커진 수증기가 땅으로 떨어지는 것이 바로 눈이랍니다.

동물들의 겨울잠

춥고 먹을 것이 부족한 계절이 다가오면 변온동물은 겨울잠을 잘 준비를 해요.
겨울잠을 자는 친구들이 누구인지 알아볼까요?

준비하기 전지 종이, 그리기 도구, 흙, 체반, 모종삽, 나뭇잎 등

활동하기

1. **겨울잠을 자는 동물들에 대해 이야기를 나누어요.**
   - 겨울잠을 자는 동물은 누구일까요?
     (겨울잠을 자는 동물을 '변온동물'이라고 해요.)
   - 겨울잠은 왜 잘까요?
   - 겨울잠은 어디에서 잘까요?

2. **커다란 종이에 그림을 그리거나 가위로 종이를 오려 땅속을 표현해요.**
   - 동물들은 왜 땅속에서 잠을 잘까요?
   - 아이들이 협력하여 그림을 완성할 수 있도록 도와주세요.
3. **겨울잠을 자는 동물들을 그린 후 가위로 오려 땅속을 표현한 종이 위에 놓고 놀이해요.**
   - 동물들이 따듯하게 겨울잠을 잘 수 있도록 해주세요.
   - 겨울을 나기 위해 동물들의 먹이를 함께 땅속에 놓아 볼까요?
4. **흙을 뿌려 동물들을 따듯하게 해주세요.**
   - 체반을 이용해 흙을 곱게 뿌려 보세요.
5. **낙엽을 뿌려서 겨울잠을 자는 동물들을 꼭꼭 숨겨주세요.**
   - 동물들에게 낙엽 이불을 덮어줄까요?
   - 곰은 어디 숨어있을까요?
   - 다람쥐는 어디 숨어있을까요?
   - 숲속 동물들이 안전하게 잠을 잘 수 있도록 꼭꼭 숨겨주세요.

 notes:

〈겨울잠을 자요〉

동물이 겨울잠을 자는 것처럼 숲속에 직접 누워보기도 하고, 천막 속에 들어가 낙엽을 이불 삼아 덮어 보세요. 또, 낙엽 속에 꼭꼭 숨어 겨울잠을 자는 동물이 되어 보세요. 겨울잠을 자는 놀이를 통해 겨울잠을 자는 동물들에 대해 알아보세요.

동물들의 겨울 밥상

추운 겨울이 되면, 숲속 동물 친구들이 먹이를 구하기 힘들어요.
배고픈 우리 숲속 친구들을 위해 맛있는 밥상을 차려 주는 건 어떨까요?

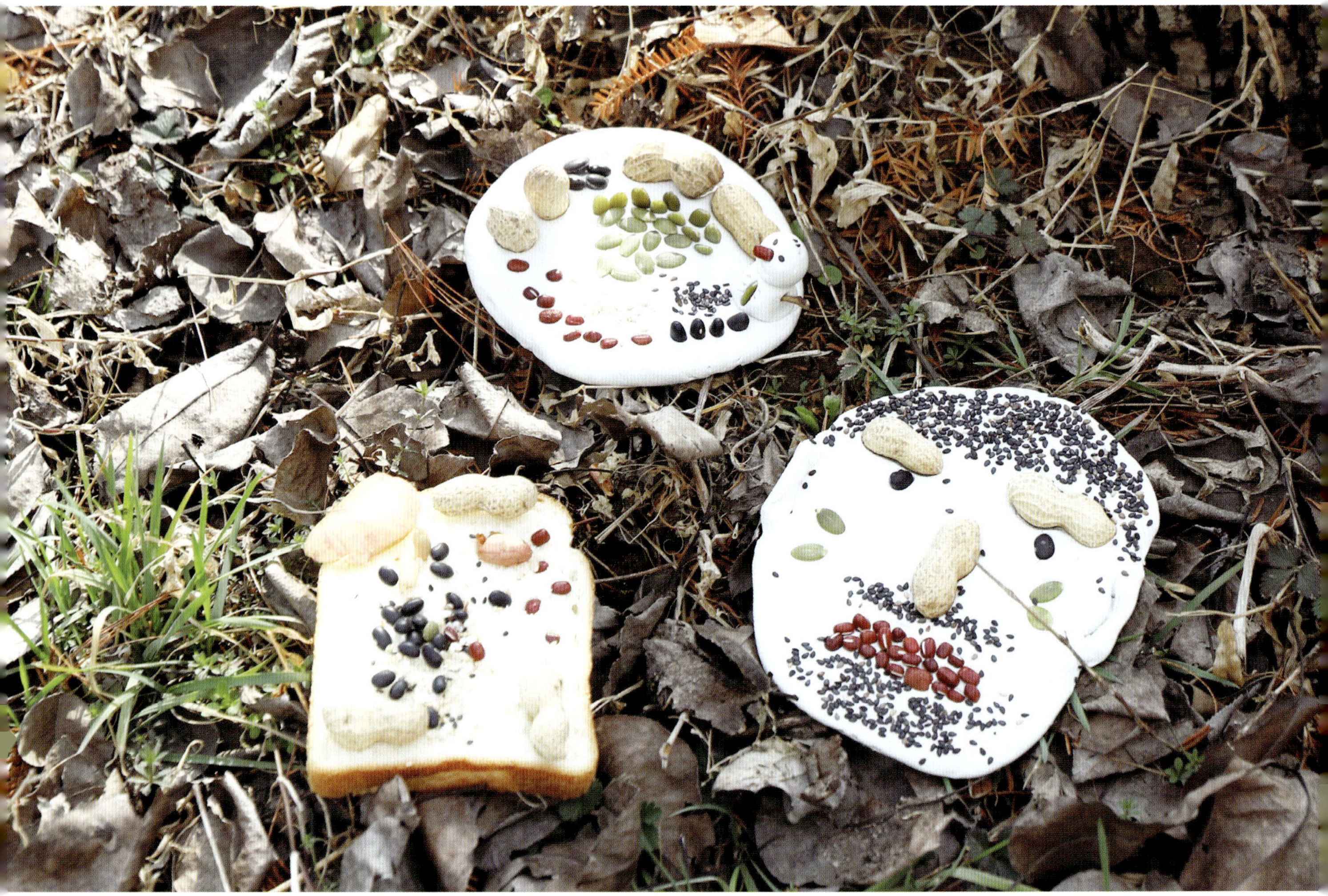

준비하기 접시, 밀가루 반죽, 식빵, 건빵, 여러 가지 곡식, 과일 등

활동하기

1. 겨울철 숲 풍경에 대해 이야기를 나누어요.
   - 겨울의 숲은 어떤 모습인가요?
   - 숲속 친구들은 겨울에 무엇을 먹을까요?
2. 겨울철 동물들이 먹이를 구하는 방법에 대해 이야기를 나누어요.
   - 겨울철 야생동물이 도심으로 내려오는 이유는 무엇일까요?

3. 배고픈 숲속 친구들을 위해 맛있는 겨울 밥상을 차려주세요.
   - 숲속 친구들은 무엇을 먹을까요?
   - 밀가루 반죽을 넓게 펴 다양한 곡식을 올리고, 맛있는 곡식 피자를 만들어볼까요?
   - 나뭇잎을 접시 삼아 맛있는 밥상을 차려 줄까요?
   - 다양한 방법으로 맛있는 동물 밥상을 차려보세요.

4. 맛있게 만든 동물 밥상을 동물 친구들이 먹을 수 있도록 해주세요.
   - 어디에 밥상을 차려주면 동물들이 잘 찾아서 먹을 수 있을까요?
   - 친구들이 직접 차린 밥상을 다양한 곳에 둘 수 있도록 해주세요.

5. 다시 숲에 올라오는 날 맛있게 차려놓은 동물 밥상이 어떻게 되었는지 확인해보세요.
   - 누가 먹고 갔을까요?
   - 숲속 친구들이 맛있게 먹었을까요?

 notes:

〈어디에 숨길까요?〉

동물들을 위해 맛있는 밥상을 차려 줄 수도 있지만, 먹이를 숲속 어딘가에 꽁꽁 숨겨볼까요? 땅을 깊숙하게 판 후 음식들을 넣고 낙엽으로 덮어 숨겨보아요. 숲속 동물들이 먹이를 찾아 맛있게 먹을 수 있을까요? 숲속 동물들은 냄새를 잘 맡기 때문에 우리가 먹이를 땅속에 숨겨도, 풀숲에 숨겨도 잘 찾아낼 수 있답니다.

새들의 겨울 밥상

추운 겨울이 되면 숲속 동물은 물론 새들도 먹을 것이 부족해요.
배고픈 새들도 배불리 겨울을 날 수 있도록 도와줄까요?

준비하기 곡식, 쟁반, 땅콩 잼, 숟가락, 휴지 심, 종이컵, 지끈 등

활동하기
1. **겨울철 새들의 생활에 대해 이야기 나누어요.**
   - 추운 겨울은 새들이 생활하기 힘든 계절이에요.
   - 겨울은 새들이 먹을 곡식이나 열매, 과일을 찾기 힘들기 때문이에요.
2. **새들이 배불리 겨울을 날 수 있도록 도와주세요.**
   - 새들은 무엇을 먹을까요?

- 새들은 콩, 보리쌀 등… 곡식과 배추, 무, 고구마 등을 좋아한답니다.
- 배고픈 새들을 어떻게 도와줄 수 있을까요?

3. '버드피더'를 만들어요.
- '버드피더'는 배고픈 새들을 위해 맛있는 먹이를 제공해주는 장치예요.
- 휴지 심이나 종이컵에 땅콩 잼을 바른 후, 다양한 곡식을 붙여주세요.
- 완성된 '버드피더'를 나뭇가지에 끼우거나, 끈을 연결해 나무에 걸어주세요.

4. 새들이 먹는 모습을 관찰해요.
- '버드피더' 주변에 사람이 있다면 새들이 무서워서 다가오지 않을 수도 있어요.
- 새들이 경계심을 갖지 않도록 멀리 떨어져서 관찰해주세요.

notes: ....

〈다양한 버드피더를 만들어요〉

종이컵, 휴지 심 이외에도 다양한 버드피더를 만들 수 있어요.
솔방울에 실을 걸어준 후, 식빵을 끼워 솔방울 버드피더를 만들 수도 있고
과일 조각을 실로 꿰매어 나무에 매달아 줄 수도 있답니다.

겨울 숲 놀이

겨울을 나는 식물, 로제트

추운 날씨 속에서도 씩씩하게 견뎌내는 로제트 식물에 대해 알아보고,
로제트 식물이 겨울을 좀 더 잘 보낼 수 있도록 함께 도와주어요.

준비하기 나뭇가지, 돌, 나무조각, 목공풀, 그리기 도구 등

활동하기

1. '로제트 식물'에 대해 알아보아요.
   - 로제트는 식물이 추운 겨울을 이겨내는 방법 의 하나로, 땅에 납작 엎드려 자라는 식물이에요.
2. '로제트 식물'을 찾아보아요.
   - 주변에서 로제트 식물을 찾아보세요.
   - 로제트 식물은 우리 주변에서 쉽게 찾아볼 수 있어요.

- 냉이, 쑥, 돌나물, 민들레, 애기똥풀도 로제트 식물이랍니다.

3. '로제트 식물'이 사람들 발에 밟히지 않도록 도와주세요.
- 로제트 식물은 바닥에 납작하게 붙어있기 때문에 사람들이 보지 못하고 밟고 지나갈 수 있어요.
- 로제트 식물을 지켜주기 위한 울타리를 만들어주세요.
- 나뭇가지, 돌 등을 이용해 울타리를 만들어보세요.

4. '로제트 식물'을 표현해보아요.
- 신체표현 활동으로 로제트 식물이 되어 볼까요?
- 땅바닥에 누워 하늘도 바라보고, 따뜻한 햇빛과 땅의 따뜻함을 느껴보세요.

notes:

〈'로제트 식물'이란?〉

땅에 바짝 붙어 사방으로 잎을 펼친 모습이 장미꽃을 펼쳐 놓은 것 같다 하여 '로제트'라는 이름을 갖게 되었답니다. '방석 식물'이라고도 불리는 로제트 식물이 땅에 붙어 자라는 것은 추운 바람을 피하고, 넓게 펼쳐진 잎으로 햇빛을 잘 받기 위해서라고 해요. 또 키가 작고 바닥에 붙어 있으니 동물에게 밟혀도 쉽게 죽지 않는답니다.

겨울 숲 놀이

나뭇가지 사진기

숲에서 쉽게 구할 수 있는 나뭇가지를 다듬어 사진기를 만들어요.
이제 겨울철 숲과 하늘, 자연을 바라보고, 찰칵 찍어 볼까요?

준비하기 나뭇가지, 실, 빵끈, 고무줄 등

활동하기
1. **나뭇가지를 수집해요.**
   - 비슷한 크기의 나뭇가지 4개를 찾아주세요.
   - 13cm ~15cm 길이의 나뭇가지가 적당해요.
2. **나뭇가지의 끝부분끼리 90도로 고정해 '나뭇가지 사진기'를 만들어주세요.**
   - 나뭇가지를 빵끈으로 이어 고정시켜요.

- 끈이 없다면 고무줄을 사용해도 좋아요.
- 네모 모양 이외에도 3각형, 5각형 모양의 틀을 만들 수도 있어요.

3. **네모난 모양의 나뭇가지 틀로 숲을 돌아다니며 자연을 담아보세요.**
   - 네모난 구멍으로 무엇이 보이나요?
   - 나뭇가지 틀로 나무의 상처, 새싹, 꽃, 새순, 하늘, 모양이 독특한 자연물을 살펴보세요.
   - 겨울철 숲이 어떻게 변해 가고 있나요?
   - 마음에 드는 자연물이나 풍경을 나뭇가지 틀에 담아보세요.
   - 자연물 위에 나뭇가지로 만든 사진기를 올려두면 액자가 된답니다.
   - 네모난 구멍으로 자연을 바라볼 때와 그냥 바라볼 때 어떻게 다른지 이야기해 보세요.

notes:

〈식물의 겨울눈〉

겨울은 나무에게 가장 혹독한 계절이에요. 잎이 떨어진 줄기나 가지 끝에는 추위를 견디고 다시 꽃을 피울 준비를 하는 겨울눈이 있어요. 겨울눈은 추위를 이겨내기 위해 부드러운 털로 몸을 감싸고 있답니다. 나무의 겨울눈을 찾아 관찰해보세요.

| 참고문헌 |

이명환(2006). **숲유치원의 교육학적 원리와 실제.** 열린유아교육연구.
강영식, 김정겸 (2019). **숲체험활동의 교육적 효과.** 한국산학기술학회 논문지.
곽노의 (2010). **자연주의 교육프로그램의 탐색.** 서울교육대학교 한국초등교육.
이미나, 박수영 (2018). **자연놀잇감을 활용한 숲놀이 프로그램이 배려 및 사회성에 효과 연구.** 예술인문사회 융합 멀티미디어 논문지.
이영림, 한미라 (2018). **숲 유치원 아이들의 자유로운 숲 놀이 양상과 의미.** 육아지원연구.
장진영, 정계숙 (2018). **유아 공동체의식 함양을 위한 숲 놀이 활동의 효과 연구.** 열린유아교육연구.
교육과학기술부, 보건복지부 (2013). **3-5세 연령별 누리과정 교사용 지침서.** 서울 : 교육과학기술부. 보건복지부.
현진오, 이승현 (2007). **알고 보면 더 재미있는 풀꽃 이야기.** 서울 : 뜨인돌출판(주).
한영식, 김명곤 (2011). **봄·여름·가을·겨울 곤충도감.** 서울 : 진선아이.
이연경, 채현지 (2019). **이끔이도 신나는 자벌레 숲놀이.** 서울 : 로제트.
남효창 (2006). **얘들아 숲에서 놀자.** 서울 : 추수밭.
솔뫼, 김은정(2009). **산대장 솔뫼아저씨의 자연학교 지구를 살리는 나무.** 서울 : 사파리.
光橋 翠(미츠하시 미도리) (2014). **親子で作る! 自然素材のかんたん雑貨&おもちゃ(부모랑 아이가 만드는! 자연 소재의 잡화&장난감).** 日東書院本社.
春田 香歩(하루 타 카호) (2018). **花・木の実・藍・野菜・葉っぱのかんたん染めもの(꽃·열매·인디고·채소·이파리염색).** 偕成社.